网络思想政治教育创新研究丛书

U0873357

高校新媒体发展案例选编
（庆祝建党百年特辑）

主 编 汪 铮

西南交通大学出版社
·成 都·

图书在版编目（CIP）数据

高校新媒体发展案例选编：庆祝建党百年特辑 / 汪铮主编. —成都：西南交通大学出版社，2023.3

ISBN 978-7-5643-9140-9

Ⅰ. ①高… Ⅱ. ①汪… Ⅲ. ①高等学校－传播媒介－运营管理－案例－汇编－中国 Ⅳ. ①G206.2

中国版本图书馆 CIP 数据核字（2022）第 255439 号

高校新媒体发展案例选编（庆祝建党百年特辑）

主编 汪 铮

责任编辑	何宝华
封面设计	曹天擎
出版发行	西南交通大学出版社 （四川省成都市金牛区二环路北一段 111 号 西南交通大学创新大厦 21 楼）
发行部电话	028-87600564 028-87600533
邮政编码	610031
网址	http://www.xnjdcbs.com
印刷	四川煤田地质制图印务有限责任公司
成品尺寸	170 mm × 230 mm
印张	14.5
字数	258 千
版次	2023 年 3 月第 1 版
印次	2023 年 3 月第 1 次
书号	ISBN 978-7-5643-9140-9
定价	79.00 元

四川高校新媒体联盟
组织编写

主　编　汪　铮

副主编　许金砖　颉　芳　李　猛　朱莹燕　刘中慧　陈　晨

顾　问　孔令旭　李璟皓　黄国兵

参编人员

张琬祺　方攀丁　周　伟　陈丝丝　蔡京君　阮　琦

曾　洁　陈　薇　智新一点　罗　蕾　侯　倩　鞠红伟

刘宇坤　魏钰泓　高胜男　孙耀坤　赵滢潇　马欣茹

廖　娟　谭显操　姚　舜　李佳文　周洋锐　张敬葶

裴　哲　曹家豪　朱丹丹　卢　颖　陈创辉　关雨晴

杨梓淳　刘　畅　胡育粼　刘　晴　成禹铭　葛　畅

序 PREFACES

2021 年是中国共产党百年华诞，习近平总书记指出，隆重庆祝中国共产党成立 100 周年，是党中央从全局和战略高度作出的重大部署，是党和国家政治生活中的大事。站在“两个一百年”的历史节点上，唱响建党百年主旋律，讲好中国共产党“为人民谋幸福、为民族谋复兴、为世界谋大同”的百年故事，团结人民、鼓舞气势、凝心聚力，不断巩固和壮大主流思想舆论，为实现“两个一百年”奋斗目标，实现中华民族伟大复兴的中国梦提供强大的精神力量和舆论支持，是全年各大媒体的重点任务。

随着我国新媒体事业的蓬勃发展，新媒体在传播速度、形式、交互、协同等方面的优势在庆祝改革开放 40 周年、新中国成立 70 周年和中国人民志愿军抗美援朝出国作战 70 周年等重要历史节点上都发挥着举足轻重的作用。2021 年我们再次迎来党和国家的重要时刻，借助新媒体唱响主旋律、奋进新时代、聚集正能量，是应题之义也是顺势之为。

在中国共产党成立 100 周年之际，中共中央、国务院印发了《关于新时代加强和改进思想政治工作的意见》，指出要推动新时代思想政治工作守正创新发展。巩固壮大主流思想舆论，坚持正确政治方向、舆论导向、价值取向，把思想政治工作融入到主题宣传、形势宣传、政策宣传、成就宣传、典型宣传中，落实到各类媒体上。高校新媒体作为思想政治教育的主阵地，面对广大的师生校友群体，如何在以内容为主导的新媒体平台上“破圈传播”，使思想精神入脑入心？如何在竞争激烈的新媒体环境中创新形式，推陈出新，使传播内容以大众喜闻乐见的形式呈现？如何打造媒体矩阵，联动平台间媒体、上下级媒体打造宣传网络，合力宣传？如何运用声像媒介，讲好中国故事，传播中国声音？本次案例选编，编者放眼全国，将全国高校新媒体的创新实践、发展理念、运营模式、团队建设作为主要的研究和分析对象，搜集整理创新案例。通过案例展示和分析，系统地总结和共享高校新媒体在重要历史节点上的宣传经验。从内容、形式、平台等方面进行分析展示，欲探索思想政治教育新媒体化的发展方向，以求共进共勉。

目录 CONTENTS

内容创新

案例 1
综合热点策划重点：“自律攀大人，感悟建党路”系列推送……………2
案例 2
把握时代脉搏，发挥宣传之力
——西南财经大学天府学院党史宣传内容建设篇……………………6
案例 3
以新媒体之声，展建党百年风采
——西南财经大学天府学院官方微博党史学习特别栏目………… 12
案例 4
把“思政大课”搬上舞台　用新媒体平台创新宣传…………………… 15
案例 5
小我融入大我　建党百年故事中的身边人
——西南交通大学人物专访…………………………………………… 18
案例 6
辉映百年华诞，媒体与时偕行……………………………………… 24
案例 7
“一出舞台剧　一场专题展　一部英烈史”
——四川农大“三位一体”，打造云端党史校史一体化学习空间…… 27
案例 8
紧跟步伐，巧借东风，做好助农事，讲好助农情…………………… 32
案例 9
“聚民心　兴文化　展形象”融媒体为工会工作赋能
——以西南交通大学校工会为例…………………………………… 38

案例 10
聚百名党员之声，颂百年风雨兼程
——西南交通大学“讲党史故事 承红色基因”系列活动 …………… 43
案例 11
建党百年热点宣传中的媒体新力量
——以《西南交大永远跟党走》为例 …………………………………… 48
案例 12
《天边之路：一位藏族女孩眼里的青藏铁路》推文诞生的故事 ……… 51
案例 13
齐奏主旋律，《长津湖》&交大校史的“联动” ……………………… 54
案例 14
《选择》
——融合媒体形式与主旋律的结合…………………………………… 57
案例 15
强化工会形象，传播工会文化
——“家会团圆”系列文创周边的构想与落地 ………………………… 59
案例 16
四川城市职业学院：红歌传唱持续上“新”亮点热点入脑入心……… 63
案例 17
四川交通职业技术学院庆祝建党 100 周年主题创意表情包 ………… 66
案例 18
我对党有话说
——全方位联动四川师生，根植爱党爱国情怀 ……………………… 69
案例 19
新媒体燃起重走长征路热潮 ……………………………………………… 72
案例 20
以专业特色致敬建党百年：多语种党史热词翻译大赛 ……………… 77
案例 21
用新媒体讲好青春故事，让思政工作润物无声
——以“扬华微语”公众号建设为例 …………………………………… 79
案例 22
拓宽内容新渠道 献礼建党百周年
——西南交大建设开放型高校官方微博 ……………………………… 86

案例 23
挖掘红色故事，生动呈现形式，助力主流宣传入脑入心 ……………… 88
案例 24
高校微信公众号应对疫情的运营实践及思考
——以西南交通大学官方微信为例 …………………………………… 90
案例 25
追寻红色血脉，挖掘革命基因
——新媒体助力党史教育宣传工作 …………………………………… 95

形式创新

案例 26
“红土”文化育人实施路径探索 ………………………………………… 98
案例 27
“校史讲述”视频化，助力高校思想政治工作 ……………………… 104
案例 28
#学党史我打卡#
——将党史学习以大学生乐于参与的形式展开 ……………………… 109
案例 29
传递土木声音，讲好土木故事
——“西南交大土木 news 君”运营情况报告 ……………………… 113
案例 30
多维度解锁党史学习新方式 …………………………………………… 118
案例 31
捕捉+传播，即时共享感动 …………………………………………… 121
案例 32
四川工业科技学院：相约“云端”重走长征路 ……………………… 123
案例 33
四川省教育厅：创新讲好党史故事 凝聚奋进精神力量 ……………… 127
案例 34
线上学习不“停更”
——科贸青年的党史学习教育“听得见、看得到、触得深” ………… 131

案例 35
发挥高校官媒引领作用 奏响建党百年主旋律
——西南交大官微创新线上宣传模式 …………………………………………138
案例 36
平台功能赋能高校建党百年宣传
——微信公众号订阅功能实践……………………………………………………143
案例 37
走出学校，走向火热的生活
——记一门生动的网络思政课……………………………………………………147
案例 38
新媒体“接力棒”，线上线下联动，深化党史学习教育实效 …………153
案例 39
浙江工商大学广播电视台：用活新媒体，为党史学习教育赋能………157

视频应用

案例 40
歌声里的党史
——以旋律重温百年征程……………………………………………………………162
案例 41
让短视频诉说大情怀，用年轻平台诉说百年初心
——以《榜样·交大青年说》为例谈新媒体语境下的党史教育实践‥164
案例 42
“新”瓶装酒酒更香：西南交通大学视频号建党系列视频推送 ………167
案例 43
中国海洋大学案例:《首席的一天》 ……………………………………………172
案例 44
招新视频：用“网感”唤醒交大“舆论场”，
让用户成为宣传链条的重要一环 ………………………………………………179
案例 45
新媒体背景下文艺创作与思政教育的统一
——以天府新区信息职业学院全学生团队创作红歌视频为案例 ………181

案例 46
线上线下联动 “言值”“颜值”并存
——锦城师生歌唱《祝福祖国》…………………………………………186
案例 47
在娱乐平台与严肃主题中找到平衡
——西南交大抖音平台创新解读建党主题……………………………190
案例 48
多平台联动，西财天府学院师生原创歌曲《百年中国梦》…………194

联动互动

案例 49
建党百年与建校七十周年“梦幻联动”，
打造属于成信人的百年记忆……………………………………………198
案例 50
教工部网站与微信公众号：交大老师的“加油站”…………………201
案例 51
多平台联动，多账号并行，共同奏响主旋律……………………………206
案例 52
高校新媒体在建党百年主题上的运营实践与思考……………………211
案例 53
震撼：交大希望学院“快闪”“超燃”，迎接建党 100 周年！…………218

内容创新

坚守创作初心，创新内容意涵。

在媒介形式纷繁复杂、平台建设迅猛发展的今天，“内容为王”依旧是媒体创作者秉持的信条。内容创作者如何坚守自身的创作初心？如何迎合新媒体时代浪潮推陈出新？这是使命也是挑战。突破常规思维，深耕创意内容，迎合受众阅读品味，提升输出内容质量。“新”时代，有“新”内容。

案例 1

综合热点策划重点：“自律攀大人，感悟建党路”系列推送

2021 年，是中国共产党成立 100 周年，攀枝花学院新媒体围绕习近平总书记“要把红色资源利用好、把红色传统发扬好、把红色基因传承好”的重要指示精神，并以此为契机，结合学生学习兴趣需求，以建党百年为中心，将大学生党史学习教育线下实践研学和线上新媒体移动课堂有机融合，全方位、多角度创新策划“自律攀大人，感悟建党路”系列主题推文。

2021 年 5 月 12 日攀枝花学院官方微信公众号推出《【感悟建党路】学党史感悟百年路 强自律做时代新人》推文，揭开了攀枝花学院新媒体中心“感悟建党路”专题系列报道的序幕。2021 年 5 月 12 日，官微推出专题系列报道之一《@自律攀大人，这堂思政课有些“上头”》主题推文。该推文制作素材覆盖面广（线下实践活动+线上视频教学），采用融合报道的形式，包含图、文、声、像多种内容元素，旨在发挥新媒体阵地的网络育人功能，展示了师生同台讲思政课的形式。推文将大学生参加“自律攀大人 感悟建党路”实践研学全过程制作成教学视频，尝试将新媒体平台作为移动课堂，线上线下联动开展大学生党史学习教育，引导大学生学史明理、学史增信、学史崇德、学史力行，在党史学习教育中学、悟、行合一。以下从活动开展、教育素材制作、成果宣传运用等方面对此次推文进行详细介绍。

该主题推文的策划、产出离不开学校学生志愿者的努力。2021 年寒假期间，学校选派学生志愿者奔赴北京市、上海市、浙江省、四川省、陕西省、贵州省、湖北省、江西省、福建省、广东省等地参加“自律攀大人 感悟建党路”实践教育活动，追寻历史印记，感悟建党初心，见证美丽山河，传承红色基因，砥砺奋进前行。2021 年 5 月 13 日开始，官方微信公众号陆续推出“感悟建党路”专题系列报道：《红船起航 巍巍巨轮破浪前行》《凝心聚力 开启革命新纪元》《星火燎原 矢志赓续万里征程》《峥嵘岁月 我辈亦循红军志》《矢志不渝 古田火炬永放光芒》《伟大转折 力挽狂澜厚植信仰》《大渡河畔 红色

基因接力传承》《奋进前行 延安精神永垂不朽》《红旗飘飘 百年光芒耀眼中华》《追星逐梦 梦耀航天创奇迹》《同心圆梦 鸟巢精神薪火相传》《世界窗口点亮红色新地标》《世界之最 盛情迎接时代盛景》《白衣执甲 齐心创造抗疫奇迹》等主题推文。每一篇推送都是围绕“建党百年”这个中心，以“自律攀大人”“实践教育”为出发点，内容优质，各具特色。

图 1 思政课现场

红色文化资源，是在大学生中开展党史学习教育的天然教材。学生志愿者按照疫情防控要求，结合居家地就近就便原则，合理选取实践地点，反复研讨活动方案，精准把控活动过程。实践地点分别为：天安门、北京国家体育场“鸟巢”、中共一大会址、嘉兴南湖、上海世博会会馆、南昌“八一”纪念馆、井冈山革命根据地、古田会议会址、遵义会议会址、会理会议会址、泸定桥、瓦窑堡革命旧址、中共七大会址、西昌卫星发射基地、港珠澳大桥和武汉“战疫”之路。“我来到了浙江嘉兴南湖的红船边，红船精神是中国革命精神之源，是党的先进性之源，勉励新时代青年要不忘初心、牢记使命。”“南昌起义将革命的圣火点燃，共产党人将圣火的种子撒向大江南北。看着一件件展品，一幅幅展图，让我仿佛回到了那个峥嵘岁月，身临其境，热血沸腾。”从中国共产党人初心启航的南湖红船，到揭开中国共产党独立武装和创建革命军队序幕的南昌起义纪念馆；从创建中国革命第一个红色政权的井冈山革命根据地，到具有历史转折意义的遵义会议会址……学生以学促教，以朋辈讲师的身份参与学校党史学习宣讲。制作团队全程跟进，创作了精良的党史学习教育专题纪实片和实践活动成果册，学习成果丰硕。

学校结合时事热点，为打造优质的创作内容和良好的传播效果，共选拔了 20 余名志愿者。在经过影像拍摄集中培训后，校外志愿者在实践活动现场手捧一方热土，分享学习感悟，录制影像资料，返校后撰写实践感悟；校内志愿者在校内选址录制党史知识讲解等影像资料，后期完成视频剪辑。师生协力制作形成了《自律攀大人，感悟建党路》教育纪实片。

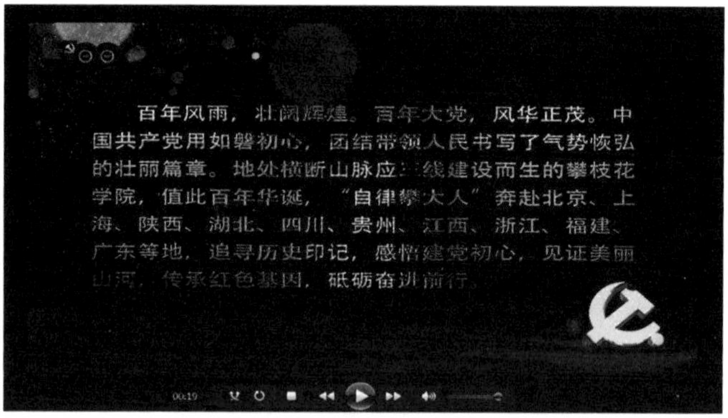

图 2　党史教育纪实片

纪实片着重体现实践学生和校友代表的现场感悟，并以学生志愿者对各实践地点建党百年来发生的重大事件和获得的伟大成就的讲解为辅助。重温历史，不仅让大学生增加了对党史的了解，更增强了责任意识和担当意识，心中有了坚定的信仰，脚下才会有更强劲的力量。

“自律攀大人 感悟建党路”系列推送这一案例主要体现了新媒体运营的以下特点：

1. 紧追热点，旋律高昂

首先，随着党史学习教育不断深入，攀枝花学院新媒体中心打造的“自律攀大人，感悟建党路”系列推送，寻访百年印记，让历史教科书上的描述，在师生心中变得生动可感。红船精神、遵义会议精神、长征精神、航天精神、奥运精神、抗疫精神等红色基因，已深深镌刻在师生心中。用好红色资源，把党史故事、红色基因融入思政移动课堂教学，丰富了学校党史学习教育的渠道和形式，进一步加深了青年学子对党史的了解，进一步坚定了青年学子的理想信念，提高了大学生的担当意识和责任意识，符合当代大学生的价值观，引起了共鸣，获得了热烈反响。

2. 打造品牌，书写情怀

攀枝花学院着力打造“自律攀大人”特色品牌，学校领导创新构思，把准方向，明晰脉络。职能部门精密策划方案，反复研讨细节，落实保障措施。教学单位密切协作，优化专题思政课教案，共同推进活动的实施。指导教师一对一精准开展指导培训，严格把好学生安全关和活动质量关。志愿者学生在全国新冠疫情防控常态化背景下克服困难、勇于担当，以自律品格强信念，以实际行动学党史。系列推送让此次实践活动的意义更加突出，宣传效果更加明显，不仅使实践学生本人受益，也让高校党史学习教育变得更加鲜活。

3. 融合报道，集中推送

攀枝花学院官微将大学生党史学习教育线下实践研学和线上新媒体移动课堂有机融合，创新策划并推出《@自律攀大人，这堂思政课有些“上头”!》的推文之后，又将学生志愿者在实践地的所见所闻、所思所想精炼成系列推文，集中在官方微信公众号上推送，凸显了自律攀大人追寻历史印记，感悟建党初心，见证美丽山河，传承红色基因，砥砺奋进前行的精气神，影响力较大，意义较为深远。

恰逢建党百年，作为媒体宣传工作者，我们不但要弘扬百年党史，奏响主旋律，还要面向读者和观众，创新传播形式，与时偕行。首先，在创作形式上，要进行纵向探索，利用多种传播形式，融合各类精品力作。其次，在创作思路上，要层层具象化，找准切口，将党史与自身定位结合，建立与读者的“连接点”。最后，在内容上，我们要细化子主题，找到贴合自身的关键红色内核。

图 3 官微推送截图

（作者：攀枝花学院 张颖 范培培 杨靖涛）

案例 2

把握时代脉搏，发挥宣传之力
——西南财经大学天府学院党史宣传内容建设篇

2021 年是中国共产党成立 100 周年，中华民族的伟大复兴又迈向了一个新阶段。高校作为国家人才资源的诞生处和聚集地，做好党史宣传，讲好百年中国奋斗历史是我们今年工作的重中之重。对此，西南财经大学天府学院校新闻宣传中心（以下简称“校宣”）跟紧时代脚步，分别从校内校外两个层面响应党史宣传教育要求，最终取得优异成果，引发了校内校外的激烈讨论。

一、校内平台建设情况

（一）红色作品征集——线上线下双管齐下

在此次党史宣传教育工作中，校宣组织开展了以“庆祝建党百年，传承红色文化”为主题的红色活动。通过线上线下结合的方式，收集了包括书法、绘画、摄影、视频等形式在内的多个红色作品。同时，征集到的作品在经过挑选后还会在学校各大官方平台进行二次宣传。争取让更多人员参与、让更多创意涌现、让红色文化内化于心，是我们本次活动的主要目的。

（二）抓住时代脉搏，把握时事热点

校宣依托学校官网平台，记者团的记者们活跃于学校的各大活动中，坚持以新闻工作者“四力”为宗旨，用文字和图片展示学校学子风采。2021 年 11 月 8 日是我国的第 22 个记者节，为更好地回顾百年建党历程，记者团成员组织举办了以“华夏赤子绘中国梦，天府青年传记者情”为主题的记者节活动。活动强调新媒体与传统媒体有效联动、融合发展，鼓励挖掘校内的创新活动、励志的先进典范和精彩的校园故事。在征文板块特意设置了“回望·奋进·追梦”主题征文，三个词虽然简单但逻辑上却层层递进，从回顾历史到联系自身发展，直击学生的兴奋点，激发起天府学院学子的爱国之情。最终，此次

活动也取得预期效果，党史征文板块共收到了 44 份投稿，校内学子间讨论激烈。

【党委工作部】校新闻宣传中心开展传承红色文化活动

2021-06-30 80

2021年是中国共产党成立100周年。为践行革命精神，赓续红色基因，6月27-28日，校新闻宣传中心在绵阳校区开展了以“庆祝建党百年，传承红色文化”为主题的红色活动。

积极参与的同学

活动伊始，同学们十分热情，积极地参与其中。主动询问活动细则，对活动充满了兴趣。校新闻宣传中心的成员也耐心地为同学们介绍活动细则，支持鼓励更多的同学来参加活动。

本次活动主要是引导学生们通过微博、空间等平台了解党史，让大学生为中国共产党送上祝福，做一个肩负时代使命的青年，进一步提高当代大学生对党的认知与社会责任感。参加活动的方式十分丰富：有红色作品与剧本的征集，包括书法、摄影、绘画、视频剧本等形式。此次活动还招募演员来参加建党百年等系列活动街拍视频。

学史明理、学史增信、学史崇德、学史力行，让我们肩负起时代的使命，为中国共产党送上诚挚的感谢和衷心的祝福。

校新闻宣传中心：周泓宇

2021年6月29日

图 1　官网活动报道

西南财经大学天府学院关于开展“华夏赤子绘中国梦，天府青年传记者情”2021年最具影响力校园媒体、优秀个人及作品评选活动的通知

2021-11-09 3152

各二级单位：

近年来，学校各单位开办的媒体平台已经成为传承校内精神文化的重要力量，新兴媒体与传统媒体有效联动、融合发展，涌现出一些有较大活跃度、影响力、公信力的优质校园媒体。他们擅于挖掘校内的创新活动、励志的先进典范和精彩的校园故事，在学校宣传工作中，内聚人心、外树形象，为学校发展营造了良好氛围，极大地提升了学校的知名度和美誉度。

在全国第二十二个记者节来临之际，为深入贯彻落实习近平新时代中国特色社会主义思想，庆祝建党一百周年，表彰先进，总结经验，学校计划开展“华夏赤子绘中国梦，天府青年传记者情”2021年最具影响力校园媒体、优秀个人及作品评选活动。

图 2　作品征集通知

（三）让传统重获新生——《西财天府报》

《西财天府报》作为定期向西南财经大学天府学院学子展示学校动态、学生风采的重要媒体之一，近年来也面临着传统媒体所不能避免的问题——互联网新媒体迅速兴起，纸媒日渐式微。

对此，校宣记者团首先对报纸制作软件进行改革，将方正飞腾换为Publisher，报纸版式从单一的黑白传统填色发展为色彩多样、内容灵活的彩色排版。同时，记者团主动取消纸质媒体的印刷，选择借助微信这样的新媒体平台进行电子版发布，借助当前微信平台的流量，让《西财天府报》重获新生。

图 3　特色党史报纸

在本次党史宣传教育中，记者团以“怀不渝之心，传红色精神”为中心，出版了一期特色报纸。将红色文化与学生风采相结合，深度挖掘校内的红色资源，选取刊登了学校学子撰写的有关百年党史的心得感悟。此次主题报道获得了 1500 余次的阅读浏览量，与传统的发行方式相比取得了较大进步，在校内平台获得了一致好评。

（四）立足校园生活，讲述学生心声——祖国，我为你点赞

随着抖音、快手等短视频平台的迅速兴起，竖屏短时的视频宣传模式逐渐被大众接受，越来越多的人开始关注短视频这一方式。因此，西南财经大学天府学院创建了微信视频号，并定期发送有关校园风采的短视频，力争让更多人看到我们、了解我们。

在 2021 年国庆假期，校宣记者团根据“新中国成立 72 周年”这一热点，组织策划了校园街访活动。团队成员以“大学生”“祖国”“爱国”等多个关键词为中心，拍摄剪辑了以“祖国，我为你点赞”为主题的街访视频，并在微信视频号首发。

本次活动策划紧贴学生生活，从校园内部入手，倾听学生声音，在校园里营造了爱党爱国的舆论氛围，反响热烈。

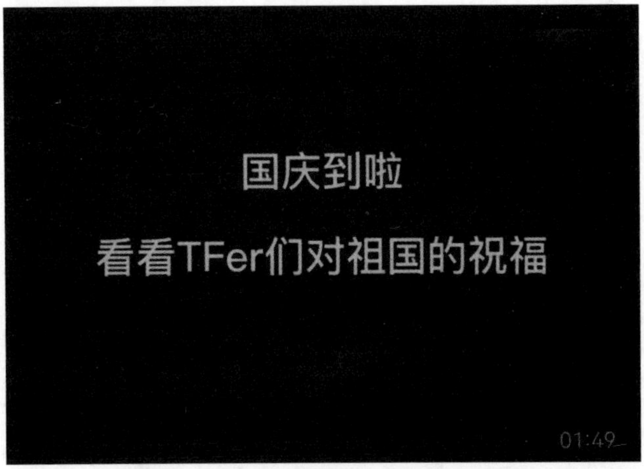

图 4 《祖国，我为你点赞》视频封面

二、校外平台发展情况

校宣记者团不仅承担着学校新闻报道的任务，还肩负着将校内风采通过外部平台展示，让更多人了解西南财经大学天府学院的责任。

在此次党史宣传教育中，校宣记者团借助“学习强国”官方平台，积极投送稿件，让我校的党史学习走远、走深、走实。通过向下征稿、向上投送等努力，我校多名学子参与红色经典阅读，最终在学习强国四川学习平台编辑中心和新华文轩出版传媒股份有限公司联合举办的“走进天府书展，分享阅读体会”活动中取得优异成果。我校学子的 6 篇稿件被刊登，阅读量一共达到 23 337，点赞量有 1562。其中《百年征程波澜壮阔，百年初心历久弥坚，不变的依旧是那星星之火——读〈火种——寻找中国复兴之路〉有感》一文入选优秀作品，在该活动专题下进行展览，共获得 85 844 次浏览，共有 5453 次点赞。

本次活动的成功参与大大激励了我校学子的创作动力，同时使得党史宣传教育深入人心，取得了良好的效果。

图 5　学习强国四川学习平台刊登情况

三、结语

西南财经大学天府学院校新闻宣传中心一直秉承“以宣传之力，让天府更美”的发展宗旨，以宣传学校风采为己任。从 2006 年成立以来始终用高标准的专业要求走进校园大众，走向外部平台。至今，校宣仍旧以西南财经大学天府学院为中心，面向学生、老师、家长、社会等多方读者推送优质内容。

在中国共产党成立百年之际，一系列党史宣传作品的成功，让人备受鼓舞，同时也给人以启示。首先，在新媒体时代，党史宣传教育工作需与时代同频共振。青年一代作为党史教育对象之一，媒体创作人要借鉴新媒体思维，实现双向传输。了解青年人群的喜好，如可利用漫画、短视频、纪录片等形式在社交媒体上进行“量身定制”的宣传。第二，线上与线下的深度结合，重新定位，借助节点传播，成为引领者。校园媒体应该在重大节点发力，与读者建立动态反馈机制，让受众品味党史。第三，则是要创新仪式化、柔性化和沉浸式党史宣传，提升可读性。不应让党史文字“冷冰冰”，而应该在全媒体时代利用多种形式让人与红色主题紧密联系起来。我们希望通过这一系列党史宣传活动，讲好中国故事，传递中国力量。青春中国，我们在行动！

（作者：西南财经大学校新闻宣传中心 罗佳怡）

案例3

以新媒体之声，展建党百年风采
——西南财经大学天府学院官方微博党史学习特别栏目

2021年是中国共产党成立100周年，高校宣传组织应在此重要节点用好新媒体平台矩阵，全方位开展党史学习系列活动，让高校党史学习教育得到进一步深化和发展。

值此建党百年之际，西南财经大学天府学院官方微博（以下简称“官博”）充分发挥新媒体平台优势，有效利用平台资源，有针对性、持续性地开展党史学习教育。我们开设了党史学习教育专属话题#小天带你学党史#，在此话题下发布每日党史问答、党史学习实践系列视频以及各二级学院党史学习相关活动的报道等。

一、借新媒体之势，让党史学习教育深入生活

在官博所开设的党史学习话题下，运营团队建立了长期问答栏目，以每日在官博推送党史问题的形式，吸引同学们参与。另外我们会在特殊时间节点进行相关的问题推送，比如在10月我们发布了长征开始时间的问答，数据显示共有457名同学参与了此次问答（见图1）。我们希望能够以此种方式唤起并加深同学们的时间点记忆，营造新媒体平台上浓厚的党史学习氛围。

二、寻红色足迹，听天府学子讲好党史故事

秉持着“凝心聚力，红心向党，推普振兴”的活动理念，天府学院学子于假期到重庆渣滓洞、周公馆、歌乐山烈士陵园、抗战遗址博物馆以及绵阳“两弹城”等地开展了“追寻红色足迹，献礼建党百年”党史学习实践系列活动。跟随革命先辈们的红色足迹，再次回顾他们的英勇事迹，并以视频的形式讲述先辈们的峥嵘岁月。我校官博在假期对此系列视频进行了实时发布（见

图 2），希望以此方式让更多的同学们深入感受“红色精神”，一起于青春岁月里，邂逅先辈力量，感悟党史文化。

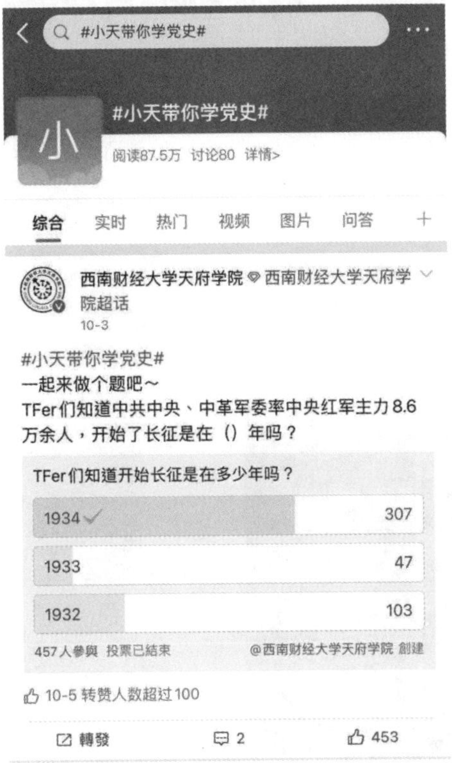

图 1　党史问答栏目

图 2　党史学习实践系列视频

三、担时代使命，看二级学院奏响百年赞歌

为进一步增强在校大学生的使命担当意识，我校各二级学院通过开展专题党课、举办红歌合唱比赛、演讲比赛等活动，积极践行贯彻党史学习教育，培养高校学生的爱国主义精神（见图 3）。我校官博持续跟进学院动态，积极报道相关内容，让党史学习教育走出学院、辐射全校。

我校官博作为学校发布权威资讯和对外宣传的重要窗口，始终坚持引领大家从党的百年奋斗伟大成就和历史经验中汲取奋进力量。在当今新媒体时代，我校官博顺应时代潮流，适时制定调整宣传方案，积极思考如何将党史学习教育与新媒体相结合，在新媒体宣传中，我们要借助新媒体的互动反馈机制提升传播效果。如利用微博投票互动等形式使学生从信息的“旁观者”

主动转变为“参与者”，这有利于实现传播者与受众之间的深度价值互动与共享。此外，我们还应转变传播理念，转化创作主体。要大力支持举办各种党史学习活动，提高师生的参与感。不断加强党史学习教育在媒体平台上的宣传力度。

图 3　二级学院动态报道

（作者：西南财经大学天府学院 莫晓颖）

案例 4

把“思政大课”搬上舞台 用新媒体平台创新宣传

胸怀千秋伟业，恰是百年风华。为庆祝中国共产党成立 100 周年，四川卫生康复职业学院以“百年正青春，扬帆新征程”为主题，将党史学习教育与大型文艺汇演相结合，为全校师生上了一门饱含深情、别出心裁的“思政大课”。

2021 年 6 月 25 日下午，四川卫生康复职业学院在万人体育场举行了庆祝活动，活动以大合唱《东方红》《祖国不会忘记》为开场曲目，整场会演共分为“初心如磐”“使命永担”“薪火相传”“信仰领航”四大篇章，将歌舞、诗朗诵、情景剧等多种节目形式巧妙呈现，生动地展现了中国共产党百年壮美画卷。

华西都市报、自贡网、四川教育发布、四川省教育厅官网等多家新闻媒体对活动进行了采访报道。本次活动也获得了广大教职员工、学生、家长、兄弟院校和社会各界人士的广泛关注和高度认可。

一、前期预热与演练

活动开始前一周，学校新媒体中心的同学们就进行了明确分工，全程参与活动的三次彩排。采编部以晚会策划、节目内容、彩排花絮为切入点，在官方微信和官方微博平台进行了三轮的图文预热。在演出前一天，完成了推文初稿的撰写编排；摄影摄像部根据彩排情况，事先踩点，模拟演练，包括照片视频的拍摄点位确定、无人机飞行轨迹确定、现场大屏的模拟信号输出、微博和抖音平台的直播信号模拟等。

自贡电视台、自贡日报社、自贡在线等本土媒体和华西都市报等省级媒体，也在当天的活动现场开展新闻宣传报道。

二、活动现场实时编排

经过事先的精细化分工和模拟演练。活动当天，校新媒体中心的同学们各司其职，无缝衔接，大大提升了工作效率。摄影摄像部按照节目单来分组拍摄，及时制成照片、动图和混剪小视频，并拷贝给采编部；采编部再根据活动现场调整文段与排版。当晚活动结束后，推文经各级领导审批后对外发布。事前踩点演练、事中配合协作、事后把关审核，极大保证了推文的时效性、活动的新鲜性和文字的可读性。抖音直播和微博平台直播纷纷创下开号以来的观看量、点赞量之最。经统计，学校官方的微信公众平台、抖音平台、新浪微博平台的浏览量共计 4 万余人，收到 2 万多次点赞。

三、加强与外界的联动

学校新媒体中心加强与社会媒体的实时联动，将文字图片等相关资料推送给各媒体和主管单位，收集存储被其采用的稿件链接并归档，发送给学校各级平台进行活动的二次宣传，在广大师生中激发强烈的爱党爱国情怀、爱校荣校力量。

四、跟踪反馈

关注网友在官方平台的留言与评论，在推文发出后，精选出有温度、有深度的评论，激起广大师生的共鸣和荣誉感。后台管理人员及时与网友互动，分享喜悦与感悟。建立对不同媒体的针对性反馈。

五、宣传效果

图 1　自贡市教育和体育局网站报道

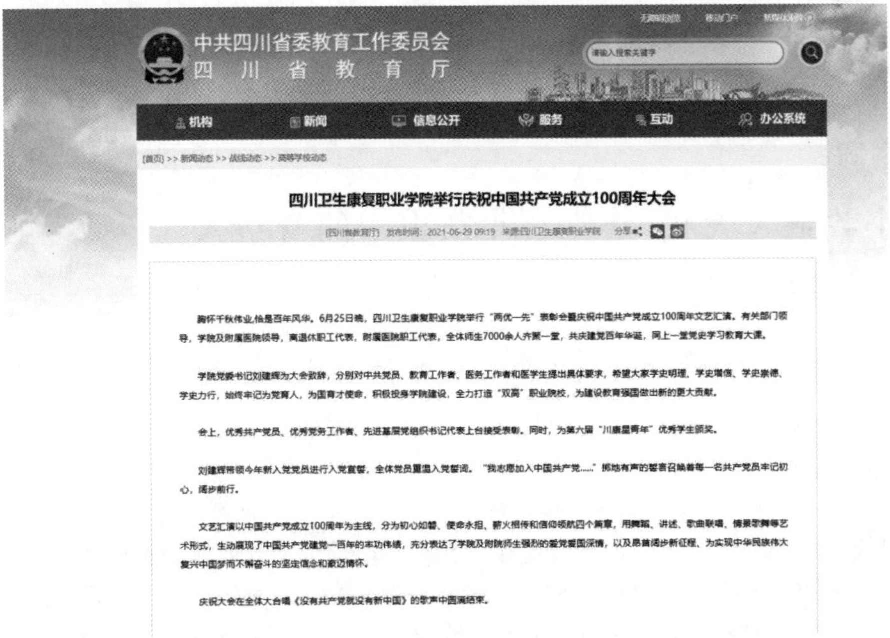

中共四川省委教育工作委员会
四 川 省 教 育 厅

机构 新闻 信息公开 服务 互动 办公系统

[首页] >> 新闻动态 >> 战线动态 >> 高等学校动态

四川卫生康复职业学院举行庆祝中国共产党成立100周年大会

[四川省教育厅] 发布时间：2021-06-29 09:19 来源:四川卫生康复职业学院 分享

胸怀千秋伟业,恰是百年风华。6月25日晚，四川卫生康复职业学院举行“两优一先”表彰会暨庆祝中国共产党成立100周年文艺汇演。有关部门领导，学院及附属医院领导，离退休职工代表，附属医院职工代表，全体师生7000余人齐聚一堂，共庆建党百年华诞，同上一堂党史学习教育大课。

学院党委书记刘建辉为大会致辞，分别对中共党员、教育工作者、医务工作者和医学生提出具体要求，希望大家学史明理、学史增信、学史崇德、学史力行，始终牢记为党育人，为国育才使命，积极投身学院建设，全力打造“双高”职业院校，为建设教育强国做出新的更大贡献。

会上，优秀共产党员、优秀党务工作者、先进基层党组织书记代表上台接受表彰。同时，为第六届“川康星青年”优秀学生颁奖。

刘建辉带领今年新入党党员进行入党宣誓，全体党员重温入党誓词。“我志愿加入中国共产党……”掷地有声的誓言召唤着每一名共产党员牢记初心，阔步前行。

文艺汇演以中国共产党成立100周年为主线，分为初心如磐、使命永担、薪火相传和信仰领航四个篇章，用舞蹈、讲述、歌曲联唱、情景歌舞等艺术形式，生动展现了中国共产党建党一百年的丰功伟绩，充分表达了学院及附院师生强烈的爱党爱国深情，以及昂首阔步新征程、为实现中华民族伟大复兴中国梦而不懈奋斗的坚定信念和豪迈情怀。

庆祝大会在全体大合唱《没有共产党就没有新中国》的歌声中圆满结束。

图 2 省教育厅网站报道

2021 年是中国共产党成立 100 周年，面对这一大事件，新媒体组织要利用线上平台这一新兴媒介，在内容上下足功夫，在形式上想出实招，在传播中动好脑筋，将建党百年主题通过各种创新形式深入人心。

四川卫生康复职业学院通过线上新媒体平台，将思政大课堂创新性地搬上了网络平台，拉近了与每一个受众的距离，同时还一直跟踪与反馈，进行与读者的交流与互动，有效地提升了建党百年主题报道的丰富度，迎合了时代潮流。

（作者：四川卫生康复职业学院 王云东）

案例 5

小我融入大我 建党百年故事中的身边人
——西南交通大学人物专访

在中国共产党百年华诞之际，高校党委宣传部门作为对内对外宣传的重要窗口，需利用新媒体平台，唱响这一时代最强音。学校官方微信公众号作为学校在对内对外宣传的重要平台，如何在宣传红色主题内容的同时，避免受众审美疲劳，做出引起读者关注、共鸣的微信推文，就成为重要课题。

西南交通大学在结合中国共产党百年华诞这一主旋律之外，还结合自身办学特点、学科特色、专业建设的相关资讯，进行了相关策划，并推出相关图文报道。其中，人物专访作为新闻报道中的重要类型，在高校新闻传播中发挥着引导舆论、营造校园文化氛围、教化育人的重要功能。西南交通大学微信公众平台推出的人物专访，相较于自身推出的其他类型的文章，内容更丰富，阅读量、互动量更高。

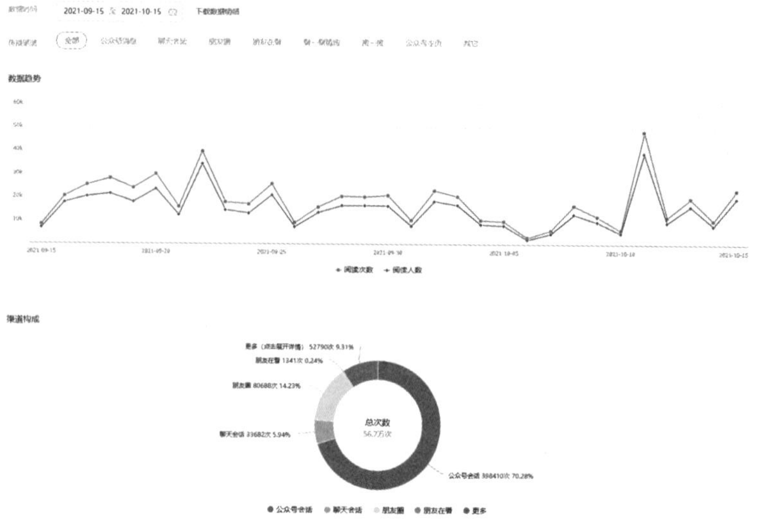

图 1　国庆前后微信公众号阅读量

考虑到建党节临近暑假，数据受客观因素影响较大，我们挑选国庆前后一个月的数据与人物专访类数据做对比。我们每篇微信推文阅读量在 1.5 万左右，而人物专访类的推文平均有 2 万阅读量，甚至常常在 3 万阅读量左右，其中特别受欢迎的几篇人物专访，甚至能达到 5 万的阅读量。

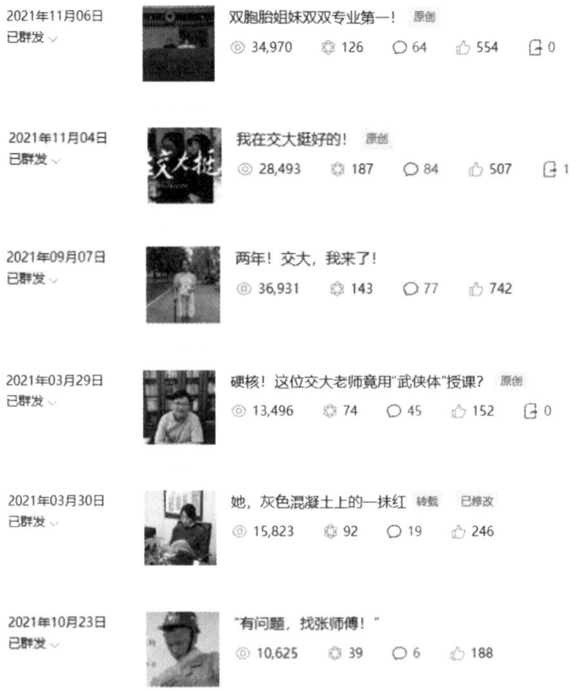

图 2　部分人物专访及数据

由数据可以看出，如今人物专访作为新闻报道中的重要类型更受读者喜爱，在高校新媒体推文中不可或缺。既然人物专访如此重要，那以人物专访的形式高效整合校内资源，表达鲜明的个性以及正确的价值观，吸引更多学生老师的关注、内外界的认同，就需要做好每一步的准备。

1. 选择身边人　树立好榜样

选题的价值性和话题性要求选择人物时需注意挖掘时代特点、拨动受众心弦、契合对应主题。结合国家新闻宣传工作的阶段性要求、学校特点、当下热点等进行综合考虑。

西南交通大学报道过的人物，有用“武侠体”授课大受欢迎的老师、被称作“土木女神”的教授、交大研究生群体、“迟到”两年终于入学的本科学生、保研的宿舍、学霸情侣、参加比赛的团队、“竢实扬华”奖章获得者、省优秀毕业生、百名研究生党员标兵、留学交换生、优秀媒体人、大家最熟悉的后勤人员“张师傅”……推文以故事的形式讲述人物，展现人物风采，描述不同群体在交大的生活。讲述大家的身边人，做好“小我融入大我”的宣传工作，展现中国共产党百年华诞之时每一个不同人物的闪光点。

2. 建立长效机制 细化采编播工作

选定人物后，学生团队搭建采访小队，讨论分工，完成采访提纲，老师指导协助，调整提纲方向、内容之后，团队联系被采访人，在与被采访人沟通交流之后，学生中的资深编辑会带领其他编辑，摄影团、视频团的成员与被采访对象见面，进行深入细致的交流。采访中，学生需要培养敏锐的观察力，注意被采访人的不同个性的同时，看到他们的个性与共性，再反馈到写作内容中，才能在作品中展现独到的见解、故事和情感，进而收获更多的受众。

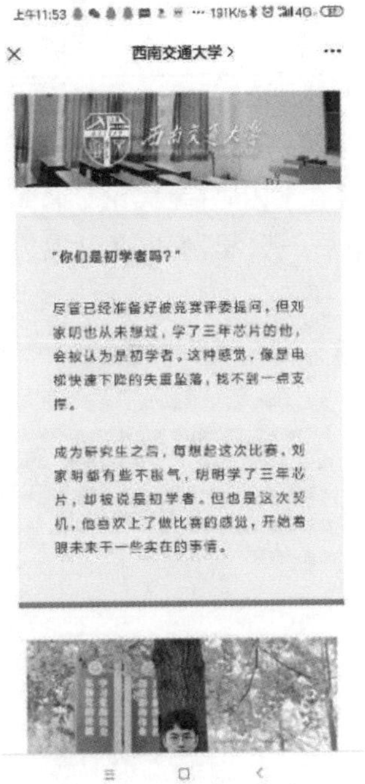

图 3 故事性文字

通常说“七分采访，三分写作”，但在微信推文中采访和写作只能占据“八分”，还需要有“两分精致”，比如大气、简约、充满逻辑和美感的排版，专门的、带水印的形象照。不同的人物专访拥有统一风格的排版，使受众对学校建构起积极印象，由“路”转“粉”。统一格式的形象照也帮助这个栏目建立自身品牌。

图 4　人物形象照

3. 开放式的结尾　宣传工作的“最后一公里”

西南交通大学官微在传播内容之外，力图实现校园人物专访影响力最大化，提升学生参与度，线上线下凝心聚力，交互融合。在每一篇推文的结尾，以互动式的内容吸引大家交流。这样不仅能获得下一次的被采访人物的线索，还能使评论互动成为新媒体工作中引导舆论、营造校园文化氛围、教化育人、表白祖国、激发斗志的“最后一公里”，也是让受众自发说出、认同、追寻“竢实扬华”的第一步。

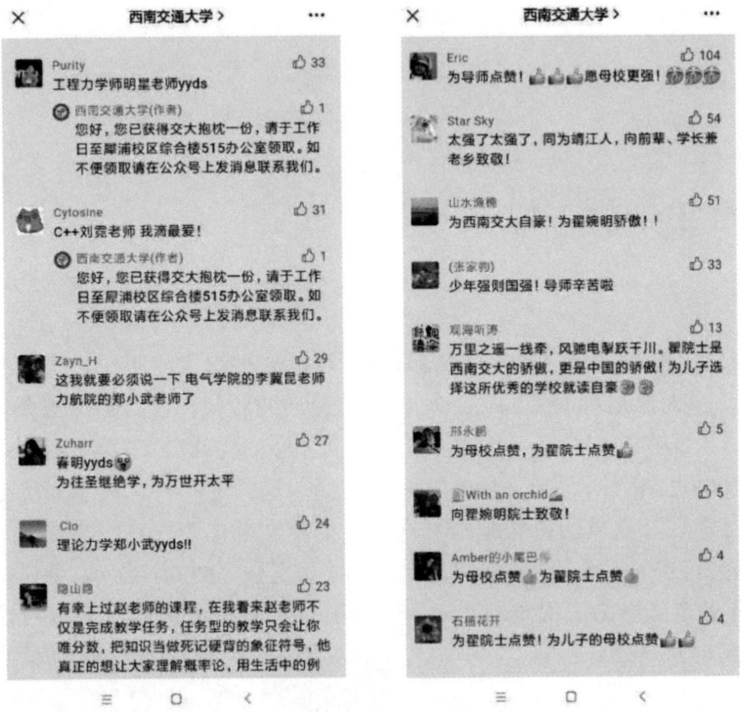

图 5　推文结尾互动

对高校来讲，人物专访有足够的传播力和影响力，能有效地实现“润物细无声”地对师生价值观的养成，使人在潜移默化中接受正能量。

同时随着新媒体的几年沉淀，微信公众平台从形式上五花八门的创新再度回归“内容为王”。讲好故事的人物专访是这一年来最能吸引读者的微信推文类型，西南交通大学新媒体中心抓住这一要点，重视人物专访，加量加质地更新更多相关内容，不断摸索，改进学生团队采编能力。在党的百年华诞之际，西南交通大学新媒体中心利用线上资源，发挥优秀配置，在传播党的百年成就、传播正能量这一重要任务上交上了一份令人满意的答卷。

（作者：西南交通大学　方攀丁）

案例 6

辉映百年华诞，媒体与时偕行

风云变幻，流年更迭，历史的刻度划过了战火纷飞的年代，终于迎来了新的一百年。21 世纪对于党而言，正是朝气蓬勃的时代。在新的历史条件下，党带领中国人民在中国特色社会主义道路上走得愈发沉稳、坚定、有力。此外，党的建设也更加全面深刻，从多方面为我们传递党的精神，展示党的生命力。

《“九零后”党员的特殊党费》这一微信推文创作于 2021 年 5 月，文章详细地记录了 2021 年 5 月 13 日唐山研究院党总支举办的党日活动，并讲述了一名耄耋之年的老党员为庆祝党的诞辰向党组织交了一笔特殊的党费——1171 元。

“九零后”党员的特殊党费

西南交通大学 2021-05-22 18:06 发表于四川

1000元为大额党费，
100元代表党的100岁生日，
71元代表张老的71年党龄，
简单的几个数字，
流露出的是一名老党员的坚守与信仰

5月13日下午，唐山研究生院（研究院）党总支举办了一次特别的主题党日活动：耄耋党员张恩臣老师为党庆生，向党组织交上了一笔特殊的党费。唐山研究生院（研究院）师生党员代表参加此次活动。

90岁的张恩臣老师1949年12月递交入党志愿书，1950年8月加入中国共产党，今年7月1日，是中国共产党的100岁华诞，今年也是张老入党71年。在大半生的时光里，张老一直为党的事业不懈奋斗，先后两次参加抗美援朝，退伍后听从党的安排服务地方建设，还获得新中国成立70年纪念章和抗美援朝70周年纪念章等多项荣誉。张老将一生交给党和人民的奉献精神和家国情怀值得我们敬仰。

5月13日这一天，张老也迎来了90岁寿辰。作为一名为党奋斗一生的共产党员，张老期盼这一时刻已经很久。“感谢党的关怀，我十分荣幸加入中国共产党，所以趁着今天自己生日，在7月1日党的生日前，向党组织上交1171元有的特殊含义的党费，为党庆生！”1000元为大额党费，100元代表党的100岁生日，71元代表张老的71年党龄，简单的几个数字，流露出的是一名老党员的坚守

图 1 “九零后”党员的特殊党费 作品文案

文章以简单几个数字开头，“1000”“100”“71”，却发人深省，流露出老党员对党的执着坚守与不变信念。推文回应党的呼唤，与时代同频共振。作品中“张老”一直为党不懈奋斗，他在抗美援朝期间先后两次入朝作战，退伍后听从党的安排服务地方建设，还获得中华人民共和国成立 70 周年纪念章和抗美援朝出国作战 70 周年纪念章等多项荣誉。老党员的故事让我们为之动容，也让我们更加深切地感受到身为党员的使命与责任。该作品不仅弘扬了时代精神，更指导了未来。这篇传承着红色文化的作品蕴含了深厚的历史底蕴与时代内涵，在实践上指导了我们如何更好地构建精神家园，更好地弘扬社会主义核心价值观；在思想上展示了党员身上的时代精神，唤醒了人民心

底的美好记忆，满足了大众的情感期盼与精神寄托。

这篇推文一经发布，阅读量达到7000多，转发、评论、点赞数破百。这不仅展示了红色文化的力量，更证实了红色文化是激励大众、教育后人的最佳题材。这些都体现了当下人民对红色主题的认同。不管什么时代，人民对真善美的向往是一致的。现在正处于21世纪，正是社会主义建设的攻坚阶段，《“九零后”党员的特殊党费》中所体现的精神，有利于加强一代新青年的思想建设，满足人民精神文化需求，更是党的凝聚力与中华民族的文化自信的体现。

此外，该作品也给了我们进行新媒体创作几点启示。

作品内容记录要翔实。在记叙活动时不要写太多空话、大话，要简单明晰地写出活动背景、活动过程。为了丰富文章内容，还可以对人物经历加以补充。文章数据要核对仔细，涉及日期、年龄等带有数字的内容要核对仔细，不要出现偏差，尤其是一些带有历史意义的数据。撰写新闻稿时要注意逻辑条理清晰。会议上进行的活动可能有很多，这就要求分清主次，跟会议主题联系紧密的重点介绍，而一些琐碎的程序则少介绍或不介绍，如收看重要的视频资料、表彰等与会议相关的重要环节，需要在新闻稿中重点突出。

“以新媒体受众为中心，用人文情怀打动读者”一直是西南交通大学新媒体中心对于建党百年报道的贯彻思路。用具体故事勾勒时代发展，站在读者的不同角度思考问题，不断获取新知识，体现浓浓的人文情怀。

新媒体时代的洪流下，怎么能将建党百年主题报道做精做深，打造独家优势也是西南交通大学新媒体中心的努力方向。借助新媒体平台，充分利用不同媒体的特点进行优势互补，整合资源，把握动态思维。紧紧扣住社会热点和群众关切，在建党百年之际把握住时代的脉搏，选择优秀故事和案例，层层深入，形成立体而有深度的内容呈现。与时事热点相呼应，为庆祝中国共产党成立一百周年提供了有力的舆论支撑。

（作者：西南交通大学新媒体中心 关雨晴）

案例 7

“一出舞台剧 一场专题展 一部英烈史”——四川农大“三位一体”，打造云端党史校史一体化学习空间

2021 年是中国共产党成立 100 周年，也是四川农业大学建校 115 周年。在这百年的风云岁月里，川农人坚定不移听党话，矢志不渝跟党走，用忠诚和热血书写出川农人的担当和大爱，把“红色基因”深深融入血脉当中。这之中涌现出众多可歌可泣的英烈校友和感人肺腑的忠诚故事。可以说，川农的百余年校史，就是百年党史在四川农大这片红色热土上的生动映射。

因此，在今年“七一”前后，四川农大充分利用新媒体矩阵优势，以线下的校史舞台剧《王右木》、展览《百年党史中的川农人》和音乐舞蹈史诗《百年辉煌》为支撑，在云端精心打造党史校史一体化学习空间，进一步激活校史红色基因，让党史学习教育更具体、更生动、更多样，掀起全校师生爱党、爱国、爱校的热烈情绪。

一、一场舞台剧：追寻《王右木》的革命脚步

1920 年 8 月，四川马克思主义的早期宣传者和四川党、团组织最早的创建人和领导人之一王右木，来到四川公立农业专门学校（四川农大前身）兼任经济学教员，并培养了康明惠、郑佑之等一批信仰马克思主义的进步学生。他的到来，开启了川农大光荣的革命传统，为“川农大精神”中的“爱国”内涵注入了不可或缺的内容。为致敬革命先烈，学校于 2021 年年初便成立由 60 余名师生文艺骨干组成的舞台剧《王右木》剧组，反复修改打磨剧本，历时半年创作，首次将川农英烈王右木的形象以舞台剧的艺术形式展现在舞台之上，引发了全校师生的热烈反响。

四川农业大学各新媒体平台在《王右木》首演当天便进行了文字、图片、短视频等多种形式的全面报道，不到 24 小时便收获 3 万多的即时阅读量。尤

其是学校官方微信公众号，抓拍到了演员们极富表演张力的精彩瞬间和剧本设计的矛盾冲突高潮环节，突出展现了王右木在黑暗中无惧强权、奋力抗争、寻求光明的悲壮形象以及他为马克思主义在四川的传播以及四川群众阶级觉悟的提升奉献自己全部心血的感人事迹，让这堂别具一格的校史党史思政课更具吸引力和感染力。

除了校内平台，舞台剧还受到学习强国、教育导报网、四川发布等主流媒体的报道。四川大学、四川音乐学院、四川传媒学院等相关专业老师对本剧亦是给予了充分肯定。目前，作品已列入学校党校教学大纲，并以《觉醒四川》为新剧名，入围 2021 年四川省大学生戏剧展演季。

图 1　官方微信公众号发布相关推送合集

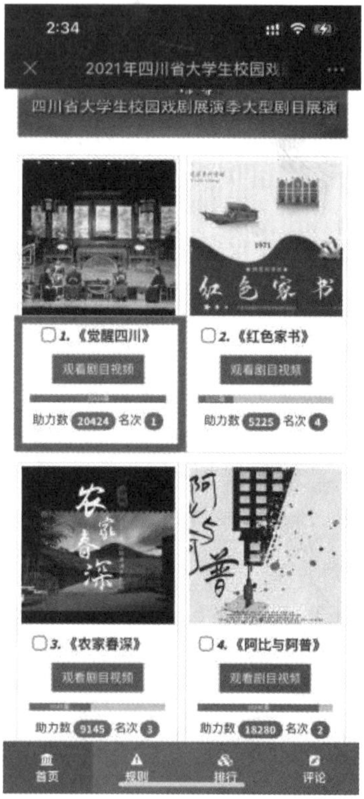

图 2　舞台剧以第一名成绩高票入选四川省大学生戏剧展演季

二、一个专题展：赓续《百年党史中的川农人》的红色血脉

从 1921 到 2021，从王右木、江姐等革命先烈，到放弃海外高薪回国建设

新中国的老一辈科学家，再到当今全心参与脱贫攻坚、乡村振兴、农业科技创新、保障粮食安全等党和国家重大事业的新时代川农人，在中国共产党的百年辉煌历程中，一代代川农人早已将红色基因融入血脉，紧紧跟随党的步伐，见证和参与着党的百年奋斗故事。为传承先辈红色血脉，筹备半年有余的《百年党史中的川农人》主题展分为“寻路：在黑暗中举火”“救亡：抗日救亡，以农报国”“忠诚：在春天里长眠”“归来：响应祖国的召唤”“攻坚：为了大地的丰收”“奋斗：党旗飘扬，党徽闪耀”6 个单元，通过 60 余块展板、200 余幅图片，以图文并茂的生动形式，全方位、全过程、全景式展现川农人爱党爱国、为党为国的百年奋斗史。

与《王右木》推文重在视觉效果不同，《百年党史中的川农人》推文一是以时间为轴，通过重点展出原图的形式吸引读者，配以富有诗意的短句，营造现场感，使人身临其境地感受先辈们的赤诚爱党爱国情。二是着重抓拍现场学习场景，并配上师生观展感想，突出使命感，激励更多读者沿着百年党史中几代川农人共同绘就的“红色精神图谱”，追寻前辈足迹，承继初心使命，汲取前进力量。

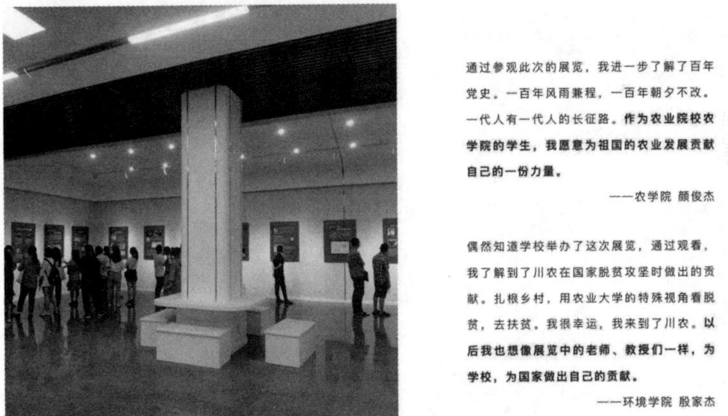

图 3　着重表现师生观展现场和感受

推文发出后，微博、Bilibili、抖音等平台的学校官方账号迅速跟进，做强“二次曝光”，截至目前共收获 4 万阅读量，在全校师生中广泛传播。据不完全统计，专题展展出后，共吸引全校超 50 个师生党支部，包含全体校领导在内的累计 1000 余人专程参观，并在展览现场开展重温入党誓词、过政治生日等红色教育活动。

三、一部英烈史：汲取党史校史《百年辉煌》的磅礴力量

作为我校庆祝中国共产党成立 100 周年的重磅文艺活动，学校从本学期之初便开始精心筹备谋划，周密组织部署，历时超过 100 天，为全校师生带来了一场视听盛宴——《百年辉煌》音乐舞蹈史诗。《百年辉煌》音乐舞蹈史诗不仅全方位再现了党率领全国人民奋斗百年的英雄历程，更是适时适当增加《川农大的接力棒》等节目，为晚会增添了校史元素，使其更具川农特色，进一步提高了观众接受度，强化了校史党史育人实效。

从各级领导干部到教师员工、莘莘学子，从 24 个学院到全部党政职能部门，从 10 岁的孩童到 87 岁的老人，全校总计有 1500 余人直接参与晚会的演出当中，超过 3000 余人现场观看，阵容强大、规模空前，充分彰显了全体川农人欢庆建党百年，坚定不移听党话、真情实意感党恩、矢志不渝跟党走的赤子之心。

图 4　台前幕后全景报道

为全景式展现晚会盛况，学校官方新媒体平台不仅在现场通过微信视频号、Bilibili 等平台直播，累计观看人数超过 1 万，更是在微信推文当中安排全节目回顾和舞台幕后解密两大板块，在微博、知乎等平台进行晚会细节的报道，多载体、多角度，原汁原味地将晚会在线上进行传播，构建起党史学习教育的全景式沉浸在线课堂。全平台阅读量共达 11 万。

四川农大此次通过“三个一”，成功打造云端党史校史一体化学习空间，真正用“网言网语”说好了“党言党语”，极大促进了学校党史学习教育走深走实际，全面展现了全体川农人欢庆建党百年，昂首奔赴新百年征途的豪迈与自信。

通过本案例，我们总结了在重大时间节点上，新媒体平台唱响红色主旋律要做到“联动+差异”：

线下与线上要有联动。线下要有意识地策划生动活泼、有亮点、有特点的红色主题活动，避免照本宣科的说教式、填鸭式活动。线上要根据活动自身特色开展聚焦式宣传报道，方能取得最大传播效果。

平台与平台要有差异。针对不同事件，同一个平台要竭力避免同质化，如宣传话剧时微信平台推文要以美图为主、展览以现场观看反馈为主、晚会以全节目展现为主。针对同一事件，不同平台也要避免“复制粘贴”，要有意识地用平台语言、平台特性增强宣传效果，从而达到多媒体矩阵传播的最佳效果。

（作者：四川农业大学 温丽敏 龙泓宇）

案例 8

紧跟步伐，巧借东风，做好助农事，讲好助农情

2021 年是中国共产党百年华诞，在“两个一百年”奋斗目标历史交汇的关键节点，新时代的脱贫攻坚目标任务如期完成，现行标准下农村贫困人口全部脱贫，贫困县全部摘帽，易地扶贫搬迁任务全面完成，消除了绝对贫困和区域性整体贫困，创造了人类减贫史上的奇迹。

2021 年中央一号文件《中共中央 国务院关于全面推进乡村振兴 加快农业农村现代化的意见》发布，文件对新发展阶段优先发展农业农村、全面推进乡村振兴作出总体部署，为做好当前和今后一个时期的“三农”工作指明了方向。

2021 年 9 月，四川科技职业学院积极响应国家战略，在四川省高职院校中率先成立乡村振兴学院，并在四川天府新区眉山管委会乡村振兴局的指导支持下，联合眉山天府新区乡村振兴促进会，策划开展“我为乡村振兴贡献青春力量”抖音直播带货大赛，巧借抖音、微信公众号、新浪微博等新媒体平台，做好助农事，讲好助农情。

表 1　微信推送数据统计

推送日期	标题	阅读量
2021-10-25	为乡村振兴贡献青春力量｜抖音直播带货大赛正式启动，寻找川科直播达人！	2383
2021-11-04	大学生直播带货！川科助力乡村振兴，皮薄汁多好水果等你下单！	4422
2021-11-05	我为乡村振兴贡献青春力量｜我校启动首届大学生乡村振兴直播活动	1436
2021-11-12	在川科｜双十一，你们都在买、买、买，他们却在卖！卖！卖！	4088
2021-11-15	川科学子直播助农活动亮相中央电视台新闻联播！	8037
2021-11-25	万元奖金，发给了直播助力乡村振兴的“小科爱”	3231

表 2　新浪微博推送数据统计

推送日期	标题	阅读量
2021-10-25	为乡村振兴贡献青春力量｜抖音直播带货大赛正式启动，寻找川科直播达人！	2873
2021-11-04	新时代新农村绽放新希望，一起为乡村振兴贡献力量	3268
2021-11-12	大学生疫情下直播帮果农卖 8000 余斤橙子	3649

表 3　抖音推送数据统计

推送日期	标题	播放量
2021-11-04	新时代新农村绽放新希望,11 月 5—11 日 16:00—21:30，欢迎大家锁定川科抖音直播间，为乡村振兴贡献力量	2.2 万

从大赛预热、报名、启动、活动开展到媒体报道、颁奖，我们围绕直播带货大赛，在微信公众号、新浪微博、抖音等平台全程跟进发布系列推文和视频，进一步扩大传播面和影响力。

2021 年 10 月 25 日，大赛策划出来后，为了吸引在校大学生积极报名参与活动，团队当天在微信公众号、新浪微博上发布报名推文、博文，吸引近 200 名学生报名，最终筛选出 36 名学生组成 9 个直播团队。

10 月 26 日 ~ 11 月 5 日，团队为更好地实现“线上直播助果农”的预期效果，一是在微信公众号、新浪微博、抖音等官方平台上发布 4 条文章和视频进行宣传；二是要求每个直播团队通过微信朋友圈、QQ 空间、抖音等平台进行直播预热。在推广橙子的同时，为“直播带货”积累人气。

11 月 6 日 ~ 11 日，大赛正式举行，9 个直播团队全程使用抖音开展直播带货。开播仅 5 天，就累计吸引 50 余万人次观看，卖出橙子 8000 余斤，起到了很好的助农效果。

11 月 12 日，大赛刚结束，团队又马上在公众号和微博上发布推文，介绍大赛开展的具体情况，让全校师生了解大赛的情况和效果，进一步扩大影响力。

一系列的宣传，引起了各大媒体的关注和聚焦，直播助农活动在中央电视台新闻联播上亮相，并得到了人民网、新华社、中国新闻网、四川电视台、四川观察、封面新闻、澎湃新闻、眉山日报及国家乡村振兴局官微、四川省教育厅官网官微等多家媒体平台的报道与“点赞”。

为乡村振兴贡献青春力量 | 抖音直播带货大赛正式启动，寻找川科直播达人！

川科新媒体中心 四川科技职业学院

2021-10-25 21:51

为了更好地服务乡村振兴，对接国家战略，着力培养乡村振兴所需建设人才，建设有四川特点、高职特色的乡村振兴"川科模式"，经四川天府新区眉山乡村振兴局协调，眉山天府新区乡村振兴促进会联合四川科技职业学院乡村振兴学院，共同在双十一前举办以"为乡村振兴贡献青春力量"为主题的抖音直播带货大赛。

在川科 | 双十一，你们都在买、买、买，他们却在卖！卖！卖！

川科新媒体中心 四川科技职业学院

2021-11-12 18:29

不怕失恋，就怕失单，又到了一年一度的双十一。俗话说得好：兵马未动，粮草先行，备战双十一。

付定金时眼疾手快，付尾款时寝食难安，"小科爱"是不是变成了含泪的尾款人？躲得过初一，躲不过双十一，在疯狂剁手的同时，来看看川科的双十一是怎样的吧！

川科学子直播助农活动亮相中央电视台新闻联播！

川科新媒体中心 四川科技职业学院

2021-11-15 19:21

兄弟姐妹们

咱们川科

上央视新闻联播啦！！！

图 1　微信原文截图

图 2　亮相新闻联播

新华社客户端
主流价值 从新看见
立即体验

四川仁寿：大学生为果农直播带货

2021-11-13 20:17:46
浏览量：106.1万
来源：新华社

新华视频
查看详情 〉

图 3 新华社报道

四川眉山：大学生化身主播疫下直播"带农货" 5天卖出8000余斤果冻橙

人民网人民数据
11-12 11:11 | 人民数据官方账号
关注

图 4 人民网报道

5天8000余斤！大学生直播"带农货"助力乡村振兴

国家乡村振兴局 昨天

"欢迎各位来到直播间，现在给大家推荐的是眉山的'爱媛'橙。自然成熟、皮薄无籽、香甜多汁……买它，买它，买它！"近日，在四川眉山市仁寿县龙岩村的果园里，来自四川科技职业学院的36名学生通过直播平台带货，推荐当地特产"爱媛"橙，吸引了数万名网友在线观看、抢购。

图 5 国家乡村振兴局官微报道

图 6 中国新闻网报道

表 4 媒体发布情况统计

媒体及平台	标题	报道日期
人民网	四川眉山：大学生化身主播疫下直播“带农货”5天卖出8000余斤果冻橙	2021-11-12
新华社	四川仁寿：大学生为果农直播带货	2021-11-13
中国新闻网	四川一高校大学生直播“带农货”5天卖出8000余斤果冻橙	2021-11-12
国家乡村振兴局官微	5天8000余斤！大学生直播“带农货”助力乡村振兴	2021-11-14
四川省教育厅官网	5天8000余斤！四川科技职业学院大学生化身主播 直播“带农货”助力乡村振兴	2021-11-15
澎湃新闻	5天8000余斤！大学生直播“带农货”助力乡村振兴	2021-11-14
四川卫视	大学生变主播“带农货”助力乡村振兴	2021-11-13
北京青年报	四川眉山：大学生化身主播疫下直播“带农货”5天卖出8000余斤果冻橙	2021-11-12
四川观察	大学生直播助农 5天带货8000余斤	2021-11-12

此次活动之所以能够获得一定影响力，得到媒体的关注报道，主要有以下几个因素：

1. 紧跟国家步伐，高扬旗帜

2021 年，是“十四五”规划开局之年，2021 年中央一号文件《关于全面推进乡村振兴 加快农业农村现代化的意见》中，对新发展阶段优先发展农业农村、全面推进乡村振兴作出总体部署，为全面推进乡村振兴工作指明方向。此次活动，学校紧跟乡村振兴这一国家战略步伐，利用专业优势和人才，开展“我为乡村振兴贡献青春力量”大学生直播活动，高扬旗帜，做好助农事。

2. 把握时代脉搏，紧追“热点”

当下，直播带货已成各行各业新潮流，众多行业加入直播带货的行列中，这种无地域限制、无行业限制、无场地限制的新型销售方式在新冠疫情防控期间也成了许多商家的选择。学校开展此次助农活动，正是在疫情的特殊情况下，借助短视频平台，以直播带货的新形式销售橙子，缓解果农的橙子销售压力。

3. 全媒体矩阵融合传播，巧借东风

此次活动，不仅借助了短视频平台进行直播带货，还利用微信公众号、新浪微博、微信朋友圈、QQ 万能墙以及头条号、网易号、百家号等新媒体平台，进行矩阵融合传播。同时，线下加线上形成互动，巧借东风，讲好助农故事。

紧跟国家步伐、紧追时下热点、巧借新媒体矩阵平台东风，这几点经验对当下新媒体活动开展、新媒体联动宣传有一定的借鉴意义。

（作者：四川科技职业学院 杨建强）

案例 9

“聚民心 兴文化 展形象”融媒体为工会工作赋能——以西南交通大学校工会为例

习近平总书记指出：“要运用新媒体新技术使工作活起来，推动思想政治工作传统优势同信息技术高度融合，增强时代感和吸引力。” 将新媒体应用到思想政治工作中，是高校落实立德树人根本任务、增强思想政治教育实效的必要之举，是新形势下深入推进“三全育人”工作体系的重要路径。西南交通大学工会与时俱进，充分把握新旧媒体特点，在人力、内容、宣传等方面进行全面整合，以“资源通融、内容兼融、宣传互融、利益共融”的新型媒体宣传理念为指导，着力打造具有交大特色、交大工会特色的融媒体矩阵：在思想上，坚持紧跟时代步伐，做好高校教职工的思想政治引领工作；在内容上，利用多媒体手段开展文化活动，丰富高校师生课余生活，构建具有交大特色的积极和谐校园文化。

西南交通大学工会加强全校各部门联动合作，紧跟国家主流媒体的步伐，构建融媒体中心。中心下设综合办公室、美编组、文案组、摄制组等部门，实现上下贯通、左右协同、内外统筹、线上线下联动的矩阵“大宣传”工作格局。学校工会结合交大百年历史、融入测绘元素，设计了四个文创产品“家家、会会、团团、圆圆”。这四个文创产品体现了交大传统文化底蕴，提高了学校工会的亲切度、辨识度、传播力，推动了校园文化建设。

叮咚！工会专属文创比赛结果出炉！

可爱的“家会团圆”来啦~

图 1　校工会文创比赛结果微信推送首图

一、利用融媒体矩阵，多角度、多举措加强工会思想政治建设

西南交通大学工会深入学习贯彻习近平新时代中国特色社会主义思想，利用融媒体矩阵方阵，以各项工会活动为载体，多角度、多层面、多举措开展全校师生思想政治教育，加强工会思想政治建设。

（一）创新“四史”学习模式，加强工会思想政治建设

为庆祝中国共产党成立 100 周年，工会利用工会微信公众号举办了网上“四史”学习竞赛活动。该活动将传统的答题方式与互联网技术手段有机结合，形成“互联网+竞赛学习”“互联网+党史”的全新活动形式，探索了“四史”教育的新形式。学校工会成功举办“重走长征路，永远跟党走”党史学习教育培训，通过参观四渡赤水纪念馆、瞻仰青杠坡战斗遗址红军烈士陵园、聆听遵义会议专题讲座、重温入党誓词等活动，强化工会干部学党史、感党恩、听党话、跟党走的党性修养。

图 2　庆祝建党 100 周年系列活动微信推文海报

（二）疫情期间积极响应国家防控要求，反应灵敏、动作迅速，广泛开展疫情防控工作，呵护教职工身心健康

在新冠疫情防控期间，学校工会第一时间转发党中央关于疫情防控的重要指示和学校党委系列决策部署，同时利用工会融媒体矩阵，团结动员全校教职员工凝心聚力。工会利用学校“职工心理驿站”，呵护教职工身心健康，引导全体教职工提高自我保护能力，调整心态。同时，学校工会及时慰问、

用心关爱坚守在疫情防控一线的广大教职工，为共同打赢疫情防控阻击战、助力学校的中心工作作出自己的贡献。

感谢坚守学校疫情防控一线的你们！

西南交通大学工会 西南交通大学工会

2020-04-29 14:41

自新冠肺炎疫情发生以来，疫情就是命令，防“疫”就是责任。学校坚决贯彻习近平总书记重要指示精神和党中央关于新冠肺炎疫情防控各项决策部署，迅速行动，于1月26日即召开疫情防控工作第一次专题会议，成立西南交通大学新型冠状病毒感染的肺炎防控工作领导小组，统筹调度，制定周密方案，进行全面部署、全面动员全校上下同心、众志成城，坚决打赢疫情防控阻击战。近三个月来，学校防控工作领导小组各成员单位坚持认真做好疫情防控各项工作，保证了全校疫情防控呈现良好状态。

按照省总工会关于深入开展坚守疫情防控一线职工的专项慰问活动的要求，4月22日、23日两天，学校工会主席郑江带领校工会工作人员开展走访慰问学校疫情防控工作领导小组各成员单位活动，走访慰问了近30个单位，备赛今年四川省青年老师讲课比赛老师代表、部分先进教师代表

图 3　相关微信推文

（三）大力弘扬劳模精神、劳动精神、工匠精神，营造爱岗敬业、勤勉工作的氛围，开展劳模推选、宣传活动

西南交通大学工会抓住学校李群湛教授领衔的“四川省劳模和工匠人才创新工作室”、易思蓉教授领衔的“四川省五一巾帼创新工作室”正式授牌的时机，积极宣传、倡导学习，发挥劳模和工匠人才在学校改革发展中的引领作用，调动科研人员的积极性、创造性。

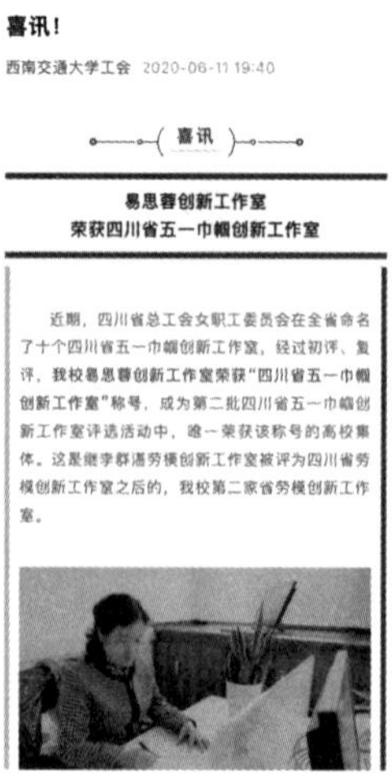
喜讯！

西南交通大学工会 2020-06-11 19:40

喜讯

易思蓉创新工作室

荣获四川省五一巾帼创新工作室

近期，四川省总工会女职工委员会在全省命名了十个四川省五一巾帼创新工作室，经过初评、复评，我校易思蓉创新工作室荣获“四川省五一巾帼创新工作室”称号，成为第二批四川省五一巾帼创新工作室评选活动中，唯一荣获该称号的高校集体。这是继李群湛劳模创新工作室被评为四川省劳模创新工作室之后的，我校第二家省劳模创新工作室。

弘扬劳模工匠精神 致敬创新创造人才！

西南交通大学工会 2020-09-15 10:33

9月9日，四川省“十佳”劳模和工匠人才创新工作室创建交流活动在西南交通大学天府新区研究院举行，我校李群湛教授领衔的“四川省劳模和工匠人才创新工作室”入围参评省“十佳”劳模和工匠人才创新工作室。四川省教科文卫工会李长春主席、省机电冶煤工会唐东平主席，学校党委桂富强副书记、电气工程学院李群湛教授、电气工程学院党委罗乾超书记等出席创建交流活动，活动由学校工会郑江主席主持。

图 4　相关微信推文

（四）紧跟形势，借助学校微信公众号营造积极向上的校园氛围

国庆节期间，西南交通大学工会利用学校微信公众号，推送《清风月圆夜，中华儿女情》《坐着高铁看中国》等文章，激发全校师生的爱国情怀和报国热情。在中央纪委国家监委印发《关于贯彻落实习近平总书记重要批示精神 加强监督执纪坚决制止餐饮浪费行为的工作意见》，强调把节约粮食、制止餐饮浪费作为落实中央“八项规定”精神、纠治“四风”的重要方面之时，西南交通大学工会利用微信公众号等线上平台推送《厉行节约，反对浪费》等文章，号召全校师生将中华民族勤俭节约的美德贯彻到底。在第十三届全国人民代表大会第三次会议审议通过了《中华人民共和国民法典》时，学校工会采用线上有奖知识竞赛的形式，鼓励全校师生积极学习《中华人民共和国民法典》，增强法律意识。

图 5 相关微信推文

二、利用融媒体矩阵，结合传统媒体，做好教师队伍建设工作

为提升青年教师的教学能力和业务水平，推进现代教育技术在教育教学中的应用，西南交通大学工会密切配合学校党政领导，利用融媒体高时效、深入性、全覆盖的特点，深入贯彻落实学校坚持立德树人、坚持深化教育改

革、坚持建设教师队伍的宗旨，兴起榜样引领的新风尚。

西南交通大学工会联合教师发展中心等部门，精准对标全国以及四川省高校青年教师教学竞赛的相关要求，构建多效协同的竞赛保障机制，充分发挥教学竞赛在提高教师素质中的引领示范作用，进一步推进“回归常识、回归本分、回归初心、回归梦想”的“四个回归”理念，激发青年教师教学热情，努力造就一支有理想信念、有道德情操、有扎实学识、有仁爱之心的高素质、专业化教师队伍，推动西南交通大学教育教学工作科学发展。

三、利用融媒体矩阵打造品牌文体活动，积极营造和谐、健康、向上的校园文化生活氛围

西南交通大学工会秉承“全心全意为教职工服务”的宗旨，以“融”为理念，建立二级部门工会矩阵工作网，积极开展品牌文体活动，推动学校阳光体育建设工作。

2021 年 4 月，西南交通大学工会在学校 125 周年校庆期间组织举行了千名师生健步走与党史学习竞答相结合的活动。交大师生在行走中感悟党的百年光辉历程，传承红色基因，以健康、阳光、奋进的精神面貌融入工作、学习和生活之中。

健步走等一系列活动受到了广大教职工的欢迎。地理科学与环境工程学院的教师在活动结束后兴奋地表示：“在行走中我仿佛亲身经历了当年红军长征，党史活动帮助我更好地了解党和国家的成立、发展、壮大与兴盛的历史。这个活动引领了我校广大师生以昂扬的奋斗姿态喜迎党的百年华诞，凝聚了奋进新时代、复兴交大的磅礴力量！”

在 2020 年抗击新冠疫情的过程中，新媒体发挥了极为重要的作用，同时也为我们今后的工作打开了思路，指明了清晰的发展方向。在今后的工会工作中，如何利用、融合新旧媒体，更好地开展文体活动，拓展自主性活动，真正将线上线下活动形式融为一体？如何增强品牌活动的黏性，加强教职工的参与深度及广度？这些问题，既是时代的挑战，也是今后我们工会工作的新重点。

不积跬步，无以至千里；不积小流，无以成江海。在未来工作中，西南交通大学工会将继续秉持严谨认真的工作态度，紧跟国家步伐与时代节奏，利用融媒体矩阵创新工会宣传工作，提高工会影响力，更好地服务广大师生。

（作者：西南交通大学 张宏亮）

案例 10

聚百名党员之声，颂百年风雨兼程
——西南交通大学“讲党史故事 承红色基因”系列活动

百年征程波澜壮阔，百年初心历久弥新。为献礼建党 100 周年，深入学习贯彻习近平总书记在党史学习教育动员大会上的重要讲话精神，根据西南交通大学党史学习教育统一部署，在党委学生工作部指导下，扬华研究生新闻中心推出“讲党史故事 承红色基因”系列活动，面向西南交大全体学生，开展党史学习教育，以交大之风采，颂百年之豪迈。

一、“承红色基因，讲党史故事”百名优秀研究生党员讲述党史系列推文

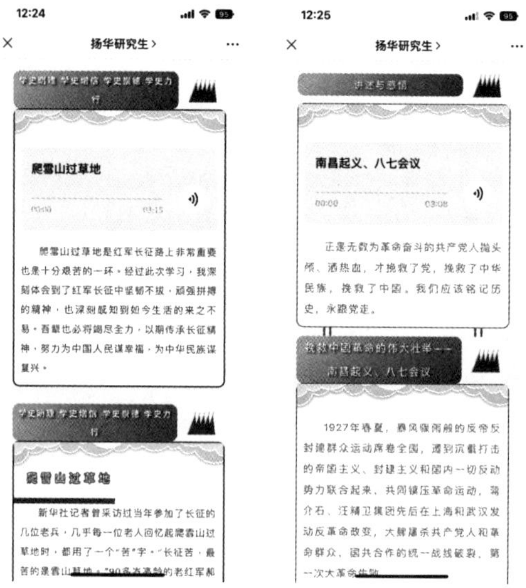

图 1　部分推文截图

“几代人筚路蓝缕艰苦奋斗，一百载风雨兼程春华秋实。”作为献礼建党百年的特色栏目，党委学生工作部从本学期伊始便向全校研究生党员发出党史故事征集，活动得到了全校学生党员的积极响应，近 200 名学生党员结合“四史”学习感悟与个人成长体会，以故事讲述、感悟分享、告白展示等方式围绕活动主题开展讲述，共同回顾中国共产党的辉煌历史，以学习促进步、以进步强信念，共同学史明理、学史增信、学史崇德、学史力行，学党史、悟思想、办实事、开新局。经过党委学生工作部和专业老师的审核指导，最终我们选出 100 名学生党员按照党的历史发展顺序开展接力讲述，再经过修改、订正和录制音频，最终与稿件一同排版，进行推送。

2021 年 5 月 11 日，党委学生工作部官方公众号“扬华研究生”推出党史故事系列专辑的第一篇，由公共管理学院硕士研究生肖秋月为我们介绍了五四爱国运动。6 月 30 日，第一百篇，由机械工程学院硕士研究生韦鑫毅带来全面建成小康社会的讲述。系列共持续推送 50 天。

本次活动在 2021 年 7 月 1 日庆祝建党 100 周年大会前圆满完成。稿件内容全面涵盖百年党史，向同学们讲述了这一百年来我们党和祖国披荆斩棘之路，从唤起民众的五四运动到命运与共的抗疫，从开国大典的辉煌历史到全面建成小康社会的历史性成就，无一不展现“天下兴亡，匹夫有责”的爱国情怀，一代又一代青年学子不忘初心，用自己的力量向世界展示中国智慧和中国力量。

二、“承红色基因，讲党史故事”党史故事讲述展示活动

作为历史的见证者和传承者，青年学生肩负着将党史故事和红色精神永远传递下去的使命。2021 年 6 月 16 日下午四点，西南交通大学和中国中铁五局联合举办“承红色基因 讲党史故事”展示活动。中铁五局校友代表和我校学生代表共同讲述了百年党史中的七个感人故事。

图 2　活动现场合照

“共产党就是自己有一条被子，也要剪下半条给老百姓的人。”中铁五局员工、我校校友、湖南汝城县（半条被子故事发生地）挂职副县长周厚李和来自公共管理学院的研究生张玮珍共同讲述了半条被子的故事。经济管理学院本科生安静泽同学为我们介绍了长征路上的“北上驿站”马尔康市，红军在马尔康三进三出，爬雪山过草地，那是红军长征途中最艰苦、最危险的地方。机械工程学院的万梦方同学带领大家走近沂蒙山区，从渊子崖村到沂蒙红嫂、沂蒙六姐妹，再到厉家寨等故事，深刻诠释了“江山就是人民，人民就是江山”。信息科学与技术学院研究生、退伍军人彭继宇以“清澈的爱，只为中国”为题，讲述了保卫祖国山河的革命烈士、英雄人物及我校师生抗美援朝工程队的拳拳爱国心。人文学院本科生陈才广、土木工程学院研究生王童和中铁五局校友姬晨阳以“赤子之心，矢志报国”为题，先回顾了包括校友陈能宽、姚桐斌、吴自良在内的一批功勋科学家的故事，之后又讲述了我校老校长茅以升先生的事迹和中铁五局人参与建设京张高铁的动人事迹。外国语学院研究生郭雪晴和参与“一带一路”重大项目建设的中国中铁五局杨应顺校友一起回顾从改革开放到“一带一路”的历史伟业，激励新时代交大研究生不忘初心，勇攀高峰。最后，机械工程学院连子睿同学讲述了抗击

疫情期间的人间真情和中国共产党始终坚持人民至上的永恒初心，让观众们更加珍惜现在的幸福生活。

富有感染力的文字和深情的讲述，向每一位观众传递着红色力量和时代内涵。活动的最后，为了进一步推进大学生党史学习教育，在中国中铁五局的大力支持下，学校与五局联合成立了“大学生党员学习教育实践联合体”，多种方式和多种资源相结合，采用立体式、沉浸式、体验式学习方式，将学校红色历史资源同企业的红色历史、思政资源和高铁资源结合，深化了大学生党史学习教育实效。

图 3　讲述活动剪影

图 4　党史故事讲述现场

三、活动总结和外宣成果

传统的图文和采访，不足以展示讲述者此时此刻的心境和态度，不断地修改也会降低他们最初的热情。因此，“讲党史故事 承红色基因”百名优秀研究生党员讲述党史系列推文采用音频录制的形式，兼顾读者的视听体验，通过饱含深情的讲述和富有感染力的文字，传递讲述者对于党史故事最真实的内心感受。

本次系列推文获得到了各方关注。有同学留言道：“百年风雨之后，回望前辈们，读他们的人生故事，看他们的奋斗历程，依然被这样的精神感动。崇高而壮美，热烈而伟大。”每一期推送都高质量、高水平地完成。我们还在公众号“扬华研究生”上设置了专栏和话题，收录本次活动的所有文章。

我校与中国中铁五局联合举办的“承红色基因 讲党史故事”党史故事讲述展示活动，以校企合作的形式，共同用好红色资源，讲好红色故事，用半条被子映初心、从京张铁路到京张高铁等动人故事引导广大师生重温党史、接受洗礼，学史明理、学史增信、学史崇德、学史力行，在学思悟践中坚定理想信念，让红色基因代代传承，让青春在为祖国、为人民、为民族、为人类的不懈奋斗中绽放绚烂之花。

本次展示活动获得了校内外的广泛关注，得到人民日报、中国教育新闻网、高校思想政治网、中国网、中国新闻网、中国社会科学网、四川广播电视台、四川电视台科教频道等多家主流媒体的宣传报道。

“讲党史故事 承红色基因”系列活动是在新媒体时代下对党宣工作的一次创新实践，在形式上，推文突破了以往微信文章以文字为主的架构，联动视听，让读者获得沉浸式的体验。在内容上，稿件串联了数个党的故事，将细流凝聚成江海，将讲故事的感染力升华为传承故事的号召力，向大家传播了来自学子们最朴实的洪亮声音，让广大学子在学思悟践中明白立德树人的道理，激励广大学生铭党恩、听党话、跟党走，主动将个人发展融入国家重大战略需求，做堪当大任的社会主义建设者和接班人。

（作者：西南交通大学党委学生工作部 胡广翰 栗佳玮 田昊）

案例 11

建党百年热点宣传中的媒体新力量
——以《西南交大永远跟党走》为例

2021 年是中国共产党成立一百周年，百年征程波澜壮阔，百年初心历久弥坚。2021 年 7 月 1 日上午 8 时，庆祝中国共产党成立一百周年大会在北京天安门广场隆重举行。中共中央总书记、国家主席、中央军委主席习近平发表了重要讲话。西南交通大学全体校领导、部分师生代表共同收看了庆祝大会，各二级单位也在学校的统一部署下收看了大会直播。

图 1　校领导与部分师生代表一同观看庆祝大会

图 2　部分二级单位在观看庆祝大会后重温入党誓词

图 3　师生在观看庆祝大会时挥舞鲜艳的国旗党旗与标语

西南交通大学新媒体中心推送《西南交通大学永远跟党走》，聚焦西南交通大学广大师生观看庆祝中国共产党成立 100 周年大会的盛况。文章第一部分介绍了西南交通大学观看庆祝大会直播、升国旗仪式、唱响《没有共产党就没有新中国》等活动的相关安排与具体情况。

习近平总书记在大会的重要讲话引发了西南交通大学全校师生的热议，文章第二部分刊选了部分校领导与师生代表的深刻感言。学校党委书记王顺洪、校长杨丹、全国优秀共产党员翟婉明、四川省优秀共产党员李群湛、四川省优秀党务工作者刘占祥、部分学院院长与党委书记、部分教师及辅导员代表、部分离退休老党员、部分学生党员、部分民主党派教师在学习了习近平总书记在庆祝中国共产党成立一百周年大会上的重要讲话后，结合自身实际，表达了必将紧紧团结在以习近平同志为核心的党中央周围，为实现中华民族伟大复兴的中国梦不懈努力，续写新篇的决心。

第三部分是观看大会直播的照片。照片上，大厅里悬挂着鲜艳的“热烈庆祝中国共产党成立一百周年”横幅；师生们手持国旗、党旗和“建党百年、与党同行”等标语。

文章最后，“请党放心，强国有我”掷地有声，表达了西南交通大学永远跟党走的坚定决心。

庆祝建党百年，是党和国家政治生活中的大事，建党百年相关的宣传工作更是一项重要的政治任务。新媒体平台要提高政治站位，结合自身特点，为庆祝建党百年营造喜庆热烈氛围。该作品的创作过程能够给我们提供三点启示。

第一，素材要严格把关，避免出现错误。大型庆祝活动的报道，影响力大，覆盖面广，传播速度快。一旦出现瑕疵，便会带来巨大的负面且难以挽回的影响。在进行此类报道时，要注意确保人名、职务、地名的准确；要认真核对相关提法，必要时与相关文件核对，切忌想当然；要认真核查图片与文字说明，尤其是人物介绍。

第二，统筹要全面细致，避免出现遗漏。多个部门联动，多个主体提供素材的重要报道，一定要提前统筹，提前对接，规划细致。避免出现发稿前部分素材无法到位的情况。

第三，素材要凝练精彩，引人入胜。新媒体信息传播速度快，是双向的互动性传播。因此在文案创作和素材选择时，要有受众意识，站在受众的角度进行创作，激发受众的情感共鸣。

（作者：西南交通大学新媒体中心 李俊涛）

案例 12

《天边之路：一位藏族女孩眼里的青藏铁路》推文诞生的故事

青藏铁路简称青藏线，是一条连接青海省西宁市与西藏自治区拉萨市的国铁Ⅰ级铁路，是中国新世纪四大工程之一，是通往西藏腹地的第一条铁路，也是世界上海拔最高、线路最长的高原铁路。因此，人们亲切地称它为“天路”。

图1　视频截图

这条天路改变了无数人的命运。通车前，西藏是全国唯一不通铁路的省份，交通不便、物流困难，长期处于一种“隔绝”状态。于是在 20 世纪 50 年代，党中央决定，一定要把铁路修到拉萨。

1956 年进藏铁路开始全面勘测设计，先后力克多年冻土、高寒缺氧和生态脆弱三大世界铁路建设难题，经过 50 年的时间建成了青藏铁路。在火车的汽笛声中，西藏这个占全国总面积八分之一的雪域高原，终于结束了没有铁路的历史。

图 2　视频截图

2021 年不仅是青藏铁路开通的第 15 年，同时也是建党百年的重要节点。西南交通大学积极承担与国家共命运、同呼吸的时代责任，响应党的号召，为中国铁路建设输送源源不断的人才。在青藏铁路的修建中，西南交大校友、中国工程院院士卢春房担任青藏铁路建设总指挥部总指挥长；西南交大教授戴虹带领团队攻克高原无缝钢轨焊接及施工技术，实现“千里青藏一根轨”；土木学院科研团队攻克浅埋冻土隧道进洞，冰岩光爆等技术难关；电气学院参与研发的“青藏线电力运营管理系统”，为青藏铁路电力运营管理的信息化、智能化、自动化提供了有力支持。

图 3　视频截图

本篇推文也正是这样的背景下，结合交大人的责任担当与建党百年的辉煌成就，讲述一位交大人眼中的天边之路。

推文开篇采用歌曲《天路》里一段耳熟能详的歌词，勾起了读者对青藏铁路的回忆。紧接着穿插青藏铁路的视频，进一步加深读者对其建设过程的认识。接下来通过西南交通大学2019级交通运输专业的本科生索朗旺姆的讲述，分别从青藏铁路建设的背景、筑路的付出与精神以及对当地经济和社会发展的影响这几个板块来呈现“天边之路”的故事。

为了让读者对青藏铁路建设有一个大概的了解，索朗旺姆简要概括介绍了青藏铁路取得的成就、建设原因、克服的困难，以及相比于普通列车乘客在青藏铁路列车上感受到的最明显的差异，增强读者的代入感。

在说明基本情况后，在筑路的付出与精神板块，索朗旺姆重点讲述了“青藏公路之父”慕生忠将军的故事。他的故事是千千万万筑路大军的缩影，也是青藏铁路精神真实的写照，不仅可以引领读者了解青藏铁路建设背后的付出，更能使读者感受到青藏铁路精神的传承与发扬。

图4　视频截图

最后在对当地经济和社会发展影响这一板块，索朗旺姆总结了青藏铁路在经济建设过程中发挥的重要作用，并提到了西南交通大学交通隧道工程教育部重点实验室里正在进行的我国第二条进藏铁路——川藏铁路的关键技术攻关，介绍了自己如何在党的帮助下走出西藏，自己将学习科学技术，在这条天路上继续谱写藏族儿女的新篇章。这份决心，回应了交大人的责任担当与建党百年的辉煌成就这一文章主题。

本篇文章发布后取得不错的反响，网友纷纷留言，表达自己被索朗旺姆的故事感动，并深刻地体会到党全心全意为人民服务的宗旨。本篇文章也与百集大型节目《旗帜·中国青年说》深度结合，共同达到了良好的传播效果。

（作者：西南交通大学新媒体中心　李希雯）

案例 13

齐奏主旋律，《长津湖》&交大校史的“联动”

抗美援朝战争一直是近几年的政治热点和舆论焦点，这是中国人民保家卫国、抵御外患的抗争史。在电影《长津湖》在国内院线热映时，人民日报、共青团中央等官方媒体对该电影进行了评价，认为该电影充分体现了“最可爱的人”（志愿军战士）英勇无畏的精神。交大新媒体中心也在官方微信平台上发布了微信文章《〈长津湖〉热映！一起致敬奔赴战场的交大人！》。

本篇微信文章主要分为三个部分。第一部分结合热点，说明《长津湖》的热映，介绍电影的概况与传达的价值观。之后通过真实数据和历史照片，介绍交大人在抗美援朝战争中的贡献，着重介绍抗美援朝工程队的英勇事迹。这既结合了交大特色，又凸显出交大人矢志爱国的情怀。

第二部分利用视频进行可视化展示，通过对抗美援朝工程队老队员的采访，结合校史馆的历史资料，介绍了那段艰辛奋斗的历史。年近耄耋之年的校友口述着他们年轻时的这段历史，“听到通知，立马出发”。他们的讲述使这段历史更加富有感染力，口述也弥补了文献资料的不足，两者相得益彰，感人至深。

图 1　漫画截图

第三部分是本文的重点，通过手绘漫画的方式，结合火车侠形象，详细地表现出交大学子在抗美援朝战争中的突出贡献。本部分以问题开篇：“如果有一天，战争发生在了你身边，你所学的专业可以做些什么？”这一问题将读者带入了漫画剧情。通过对抗美援朝战争这一历史事件的回顾，读者身临其境地感受到战争背景下交大人无悔的抉择。家国危难之际，交大人“携笔从戎”，报名参加军事学院，自愿奔赴前线修筑机场，向前线捐款捐物、写慰问信。同时交大人还在抗美援朝开始后，纷纷归国，报效祖国。这些故事都可以激励着读者学以报国、学以为民、绽放青春、无愧韶华！漫画的形式相较于数据和文字，更能使读者有耐心地完整阅读，是本篇的点睛之笔。

图 2　手绘漫画

本篇微信文章收获了高于日常情况的点击量和点赞量，公众号读者在评论区纷纷发表对革命先烈的缅怀，赞美交大人的爱国精神。老一辈交大人积极响应党中央号召，永远奔赴祖国最需要的地方，新时代交大人传承前辈精神，为祖国在新时代的发展贡献青春力量。

本篇推送案例主要体现了新媒体运营的以下特点：

1. 结合时事，紧追热点

《长津湖》等以抗美援朝为主题的影视作品在上映之后，引起许多积极的舆论反响。交大新媒体中心结合这一实时热点，通过创新传播形式，讲述交大人舍生忘死、保家卫国的故事，彰显交大精神。

2. 结合 IP，精准覆盖

交大校史作为沉淀百年的精华内容，受到社会各界人士的广泛关注；交大校史“邂逅”影片《长津湖》，充分满足不同群体的新闻阅读需求，能够产生极佳的话题性和传播效果，覆盖师生、校友、社会人士等各群体受众。

3. 重视创新，敢于实践

视频与文字支撑着整篇新闻的信息量和思考量。我们用电脑软件修复历史图片，还原历史真实，配合手绘漫画，实现硬核内容的“软着陆”。交大新媒体中心一直注重传播形式的不断创新，将严肃深刻的新闻用平易近人的手法讲述出来，做出能够深入人心的新媒体内容。

（作者：西南交通大学新媒体中心 刘畅）

案例 14

《选择》
——融合媒体形式与主旋律的结合

在媒介深度融合趋势下，依托于微信这一社交媒体平台，微信公众号文章已经成为社会大众日常获取信息、了解世界的重要途径。其融合声音、图片、文字等多种形式，日益成为融合媒体的典型代表。

2021 年是中国共产党成立一百周年，在此期间，响应国家主旋律的微信推文层出不穷。2021 年 7 月正值中国高校征兵季，西南交大新媒体中心推出以《选择》为题的微信推文，响应国家征兵号召，宣传中国共产党人精神，激励广大学子从戎。

此篇推文以“选择”为线索，以“戎”为主题，开头放置三个征兵视频，包括交大自制的征兵视频、回顾交大人在抗美援朝中的贡献的视频、描写退伍学生在交大的故事的视频，文章最后鼓励交大学子参军入伍。全文内容丰富，条理清晰，既有历史又有当下，文字、视频富有感染力。

近年来，每逢征兵入伍季，各类宣传片层出不穷。宣传片通常以慷慨激昂的音乐、富有感情的解说以及气势磅礴的场景为主，感染力极强，因此也具有较强的宣传效果。西南交大紧跟潮流，制作交大征兵宣传片。该视频选材丰富，画质清晰、剪辑得当，制作水准较高。推文中还用了其他平台的两个视频，三个视频相互映衬，具有极强的感染力，使得用户在观看时能够对参军入伍产生较高的激情。

推文还回顾了历史，讲述交大人在抗美援朝时期响应国家号召三次奔赴战场，为我空军夺取战场制空权提供重要助力，体现了交大人浓浓的报国情怀，那是老一代交大人的选择。新时代，交大人积极投身军营，响应祖国号召，把青春和热血挥洒在实现强军梦的伟大实践之中；退伍后回到学校继续学业生涯，将在部队收获的血性与品德带回校园，这是新时代交大人的选择。百年以来，交大师生始终与党和国家同呼吸、共命运，将不怕牺牲、乐于奉献作为交大青年的精神底色。

文章的最后呼吁广大学子积极参军，将青春热血挥洒在实现强军梦的伟大实践中。

图 1　推文视频部分截图

抗美援朝，交大学子驰援战场

朝鲜战争爆发，西南交通大学（时称北方交通大学唐山工学院）响应国家号召先后三次组建全国高校唯一一支抗美援朝工程队，奔赴朝鲜战场，他们身穿人民志愿军军装，冲锋在战场，但肩上扛的是经纬仪和绘图板；他们满脸书卷气，但像骁勇的老兵一样勇往直前；他们是大学生，也是战士，以后将成长为教授、院士。

广大青年学生踊跃报名参军参战

学生积极报名参军参战

从1951年到1953年，西南交通大学（唐院）抗美援朝工程队师生共181人次（134人），先后三次奔赴朝鲜，一共参与修建四个机场，包括用于前线作战的顺川机场和价川机场，非军事区供谈判用机场——开城机场，以及国内军用机场阜新机场，顺利完成了这一国防任务。

图 2　推文部分文字内容截图

此篇推文最终获得 2.7 万的阅读量，取得了较好的宣传效果，不失为融合媒体形式与主旋律内容结合的成功案例。根据此次案例，我们在新媒体运营中总结了以下几点经验。

第一、标题要足够凝练，抓取推文最突出的点，而且要点到为止，留给读者想象的空间，吸引其点开推文阅读。

第二、明确传播目的，选择恰当的传播形式，丰富作品内容。此篇推文主要为激励交大学子，响应国家号召，投笔从戎。在弘扬主旋律这方面，单一的内容或者形式易使用户感到枯燥。因此我们选择插入三个宣传视频，同时图文并茂，尽可能地丰富形式；当下和历史相互呼应，尽可能地丰富内容。

（作者：西南交通大学新媒体中心　刘晴）

案例 15

强化工会形象，传播工会文化
——“家会团圆”系列文创周边的构想与落地

高校形象品牌的打造在激烈的高校竞争中的作用日益凸显。高校工会也与时俱进，推出自己的文创品牌 IP，并利用新媒体平台拉近自身与大众的距离。

高校工会作为校园文化的打造者、贡献者、引领者，拥有属于自己的文创 IP 是很有必要的。因此以提高西南交通大学工会亲切度、辨识度为目的，根据工会“家”的建设需求，依托西南交大特色景观、校园文化，西南交大校工会向全校师生及海内外校友征集工会专属徽标、吉祥物及系列创意表情包作品。工会品牌形象有助于新媒体的内容创新，例如一图讲解、宣传海报、漫说动画等，可以使宣传更加亲民，内容更有辨识度。

图 1　相关微信推文头图

成功的文创 IP 品牌形象，离不开精准的定位。西南交大校工会将目光着眼于“教职工之家”这一关键词上。团团圆圆是中国传统文化中对于家庭的美好期许，卡通人物的昵称“家家、会会、团团、圆圆”也就因此诞生。此次文创产品的核心便是以活泼可爱、亲切多元的卡通形象将工会文化“软输出”，在我校教职工心中塑造多样化的工会形象，以此提升教职工对于校工会所举办的文体活动的参与度，进而丰富教职工的精神文明生活，让教职工愿意主动传播工会文化，最终达到共建和谐校园的目的。

图 2　相关微信推文

成功的文创 IP 品牌一定不是空有想法，而是能够落地实施的。通过微信公众号以及网站平台发布征集，经过半年的作品征集以及网络评选，并积极与创作团队沟通协商，在几次修订与完善后，我们的卡通人物形象最终定稿。“家家”是一枚浅黄色的火车头，代表我们西南交大；“会会”是一位潜心钻研的测绘小专家，身着蓝色的工训服；“团团”是我们的校宠黑天鹅的化身；最后一位“圆圆”则是由我校的雕塑“堂吉诃德”衍生而来，是一位拥有“反差萌”的小可爱。四位卡通人物形象的选取充分反映了我们学校的特色。同时每个卡通人物都被赋予了性格特点以及角色故事，这样有助于后续线上传播的运用。“家会团圆官宣出道动画”短片在西南交通大学官方平台上线，其播放量截至 2022 年 3 月已达上万。

图 3　卡通人物形象

好的故事能够使信息更好地被传播，我们根据“家会团圆”四位的形象定位，在其“官宣出道”的微信公众号视频中为其设计了日常生活故事，充分贴合我校教职工以及学生的工作、学习、生活，在教职工群体中获得了良好反响。在此之后的微信推送之中，我们都积极利用“家会团圆”的形象，无论是我们红歌会、教职工运动比赛等精彩视频回顾，还是节日送祝福的活动之中，我们的卡通人物 IP 形象一直都出没在我们的推文的字里行间。通过他们的口吻来讲述，可以避免仅使用“小编”这一自称的单调感。在元宵节推送之中，我们以“家会团圆”四位小可爱的身份，呈现他们在元宵节期间的“朋友圈”以及在交大的“游客照”，借此引起教职工以及学生的兴趣。

图 4　相关微信推文截图

文创 IP 品牌的打造只有线上推广远远不够，还需要线下活动相辅助。我们根据高校定位，选择设计了相关文创帆布包、钥匙扣、文件夹，并在此基础上进行了相关的线下宣传活动，增强学校师生对于我们新 IP 的了解度。在线上，我们也会在微信推送文章的末尾，根据文章内容进行文创产品“免费赠”的活动，以此加强文创 IP 形象在师生中的记忆。

此次文创品牌宣传活动的构想与投放让我们有了以下经验：

一、充分发挥创新意识，并不是只有高校才能进行文创品牌的创造，高校工会、各院组织、社团等都可根据自身定位，积极创新，以更有效地进行自身的新媒体宣传。

二、积极进行线上与线下联动推广，以我们的受众为主要目标进行精准宣传，以增强后续的用户黏性。

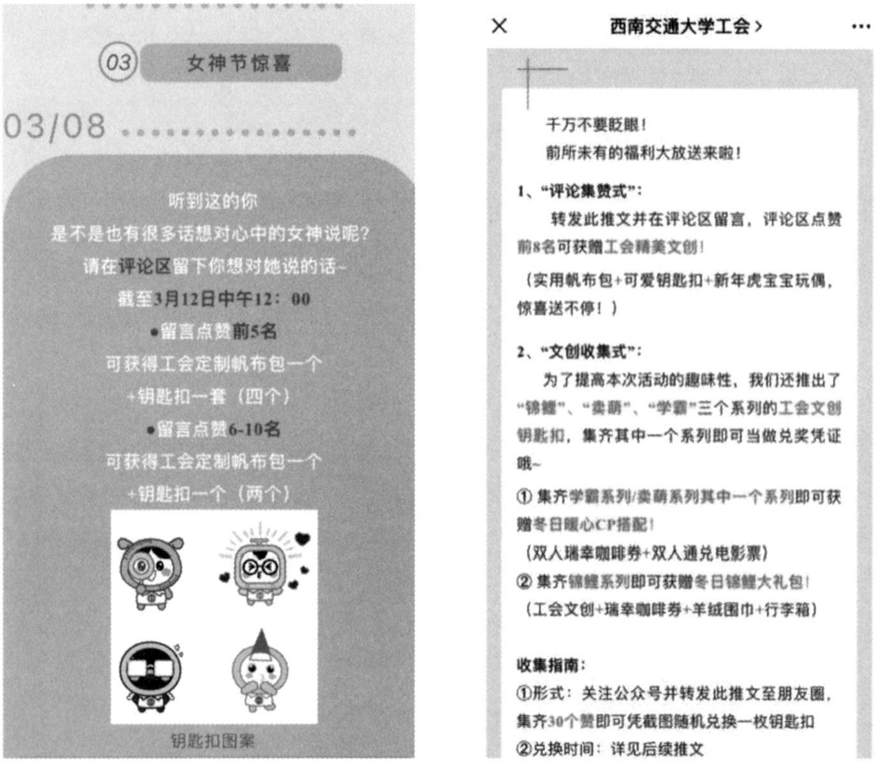

图 5　相关微信推文截图

三、注重内容建设，只有好故事才能得到好传播，光注重形式的宣传始终无法深入人心，我们需要以更贴合高校师生的风格进行新媒体传播，积极转变语言风格，运用新 IP 形象。如此才能使得我们的高校新媒体宣传“立得稳”并且“传得远”。

（作者：西南交通大学 张宏亮 唐诗雨）

案例 16

四川城市职业学院：
红歌传唱持续上“新” 亮点热点入脑入心

2021 年 5 月 20 日，在中国共产党百年华诞之际，四川城市职业学院官方微信公众号推出了万人唱红歌的原创推文——《520 | 万人红歌会唱响城市 特别的爱献给特别的你》。推文一经推出，得到了热烈反响。这篇原创内容展现了高校师生奋进新时代、颂歌献给党的青春样貌。

与此同时，四川城市职业学院还以“520”为时间契机，在微博、抖音、微信视频号等新媒体平台同步直播全校师生“万人唱红歌”盛况。“我爱中国共产党”，全校师生用嘹亮而又饱含深情的歌声表达对党的深情礼赞。引领广大师生深刻感悟中国共产党的责任与担当，厚植爱党、爱国、爱社会主义情感，让红色基因、革命薪火代代传承。

随后，四川城市职业学院新媒体还推出了《城院版“唱支山歌给党听”》《欢歌新时代，颂歌献给党！2021 校园红歌会举行》等系列视频和推文，参与了“四川教育”发布组织的四川高校红歌传唱活动，参与了教育厅组织的“经典诵读”，制作了 6 支诵读视频，并联合四川日报等校外媒体对建党百年系列活动进行报道。

“唱支山歌给党听，我把党来比母亲，母亲只生了我的身，党的光辉照我心……”万人红歌会、唱支山歌给党听、经典诵读，城院人的歌声，深深地烙印在了广大师生心里，激励着广大师生勇做新时代的奋进者、开拓者、奉献者。特别是 5 月 20 日，那晚夜幕降临，当音乐响起，全校师生在五月这特别的仲夏夜，打开自己的手机电筒，光芒仿佛摇曳的星光，汇成一道道星河。星光就像是中国共产党这百年历程，灿烂辉煌，令人震撼。当全校师生在转发《520 | 万人红歌会唱响城市 特别的爱献给特别的你》的推文、在观看万人红歌会盛况、聆听经典诵读和城院版“唱支山歌给党听”的同时，都会为伟大的祖国感到骄傲。当情怀结合实时热点、当原创充满爱意，这份特别的爱，通过官方新媒体的报道被展现得淋漓尽致。

对学校庆祝建党百年系列活动的多平台、多视角宣传报道，体现了高校新媒体阵地建设的重要作用。系列活动由学校党委统筹，党委宣传部全力营造氛围。宣传内容则由学校官方新媒体平台策划创作，指导老师与学生记者落实各点位，定格全场亮点，聚焦热点，体现了当今高校新媒体宣传部门在宣传过程中积极策划、层层落实的精神。

对庆祝建党百年系列活动的宣传，无论是微信推文还是视频，从标题到内容都紧扣百年华诞这一主题，掀起了朋友圈的一波分享潮流，达到了预期的传播效果，体现了新媒体的作用和价值，展现了校园文化的实力、创造力与影响力。

图 1　相关微信推文截图

从四川城市职业学院此次针对庆祝建党百年系列活动的宣传中，我们总结了新媒体运营的一些经验：

1. 聚焦时间热点，深情献歌送给党

首先，四川城市职业学院新媒体部门运用了“时间热点+事件”的主题模式，在百年华诞之际，以 5 月 20 日为切入点，以“特别的爱，献给特别的你”为题目，凸显这是一份特别的爱。全校参与传播，最终获得了满足用户参与的欲望，定位实时热点的双赢效果。

2. 亮点捕捉精确，旋律激昂

“内容为王”一直是新媒体传播本质。不仅要抓住社会热点和关键词，优质的推送内容，也是新媒体打造“爆款”的根本原因。“红歌”作为本次系列推送的中心，展现的形式多种多样，四川城市职业学院党委宣传部提前规划，层层挖掘节目亮点，强调每个亮点环节的曝光，正因如此，这系列推文和视频很受欢迎。

3. 打造系列，树立精品意识，彰显思想厚度

四川城市职业学院新媒体部门坚持以学生为中心，注重用户黏性。充分协调各部门、书院，利用学校重大活动，打造属于城院的独特流量和优质的高校口碑。党委宣传部一贯注重对高校校园文化的深度挖掘，持续发现热点和重点，做好新媒体阵地建设，提升新媒体平台的专业度。当代社会发展要求高校新媒体传播要去思考和谋划怎样打造优质品牌，讲好城院发展故事，传播大学之道，创作出一流的、有温度、有价值、有生命力的新媒体作品。

（作者：四川城市职业学院 党委宣传部）

案例 17

四川交通职业技术学院庆祝建党 100 周年主题创意表情包

为庆祝中国共产党建党 100 周年，四川交通职业技术学院在党史学习教育开展过程中主动出击、力求创新，构建了“一三六十”党史学习教育举措，营造了全院党员师生共同学、主动学的良好氛围，推动学院党史学习教育高标准、高质量开展。学院通过“饺子融媒”新媒体平台和上级媒体平台开展全媒体党史学习教育宣传，拓展党员师生学习渠道。回顾党的百年光辉历程、百年奋斗精神，加强全体党员师生的自豪感、荣誉感，进一步增加了对党的事业的信心，坚定不移地永远跟党走。

在提出创意、制作新媒体内容的过程中，学院宣传统战部联合艺术与设计系围绕庆祝中国共产党成立 100 周年和党史学习教育的主题，以官方虚拟代言人“饺子”的形象，设计制作了系列主题表情包，其中包括静态和动态的图片，生动形象、颇具创意，深受师生喜爱，这些图片在“饺子融媒”的宣传作品中使用广泛，效果良好。

表 1　微信推送数据统计

推送日期	标题	阅读量
2021.7.12	藏不住了！庆祝党的百年华诞，爱党小饺表情包上线~	840
2021.6.30	庆祝中国共产党成立 100 周年！交院迎七一系列活动精彩纷呈	2469
2021.6.28	实现 100%获奖，交院的老师们太棒啦！	4308
2021.7.1	热烈庆祝中国共产党成立 100 周年！观看庆祝大会后，全院师生心潮澎湃……	2078
2021.7.24	远跟党走 奋进新时代|重走长征路暑期“三下乡”主题活动圆满结束	2284

学院成立了庆祝中国共产党成立 100 周年活动暨党史学习教育领导小组

和办公室，落实了责任；召开党史学习教育部署会和办公室工作会，统一了思想；制定《学院党史学习教育实施方案》和《学院隆重庆祝中国共产党成立 100 周年工作方案》，明确了要求；印发《学院党史学习教育任务分工方案》，落实了任务；制定《学院党史学习教育工作清单》，厘清责任边界。在学习教育开展过程中，主动出击、力求创新，构建了“一三六十”党史学习教育举措，即：建好一个场馆、组织三项学习、开展六类活动、办成十件实事。营造了全院党员师生共同学、主动学的良好氛围，推动学院党史学习教育高标准、高质量开展。

学院通过“饺子融媒”和上级媒体平台开展全媒体党史学习教育宣传，拓展党员师生学习渠道。截至目前，学院官方新媒体平台共发送微信文章 263 篇、微博 68 篇、抖音小视频 38 条，学院网站发布主题新闻 59 条，LED 滚动播放节目近 120 个，校园广播每天播放“党史天天读”，院报刊发专栏 8 期，编印专题简报 19 期。学院党史学习教育成果在央视晚间新闻、学习强国、封面新闻等平台上被报道 26 次，在中国交通报上被报道 2 次，在交通运输厅手机快讯中被报道 14 条。

在党史学习教育走深走实的同时，学院“饺子融媒”特别设计了特色表情包。这个系列的设计融合了学院虚拟官方代言人“饺子”的形象以及“唱支山歌给党听”“听党话、跟党走”“我心向党”等振奋人心的话语，诞生出别具特色的党史学习“饺子”形象，并广泛运用于学院官方媒体平台，深受师生喜爱。此次表情包设计用当代大学生喜爱的创意形式使党史学习教育深入人心，真正做到了“润物细无声”。

在现代新媒体的传播过程中，常用年轻化、个性化的手段来加强传播内容的吸引力，学院的代言人“饺子”正是这样一个正面示例，以一个大家喜闻乐见的代言人形象和大家“交流”，从而做到了新媒体传播中最要注重的一点，那就是与用户的交流和互动。以史为鉴，可以知兴替。全媒体党史学习教育宣传工作的圆满完成，促使全院党员师生牢记党的初心使命，坚定理想信念，与时俱进、奋勇前行，以忠诚之心跟党走，以奉献之心报祖国！

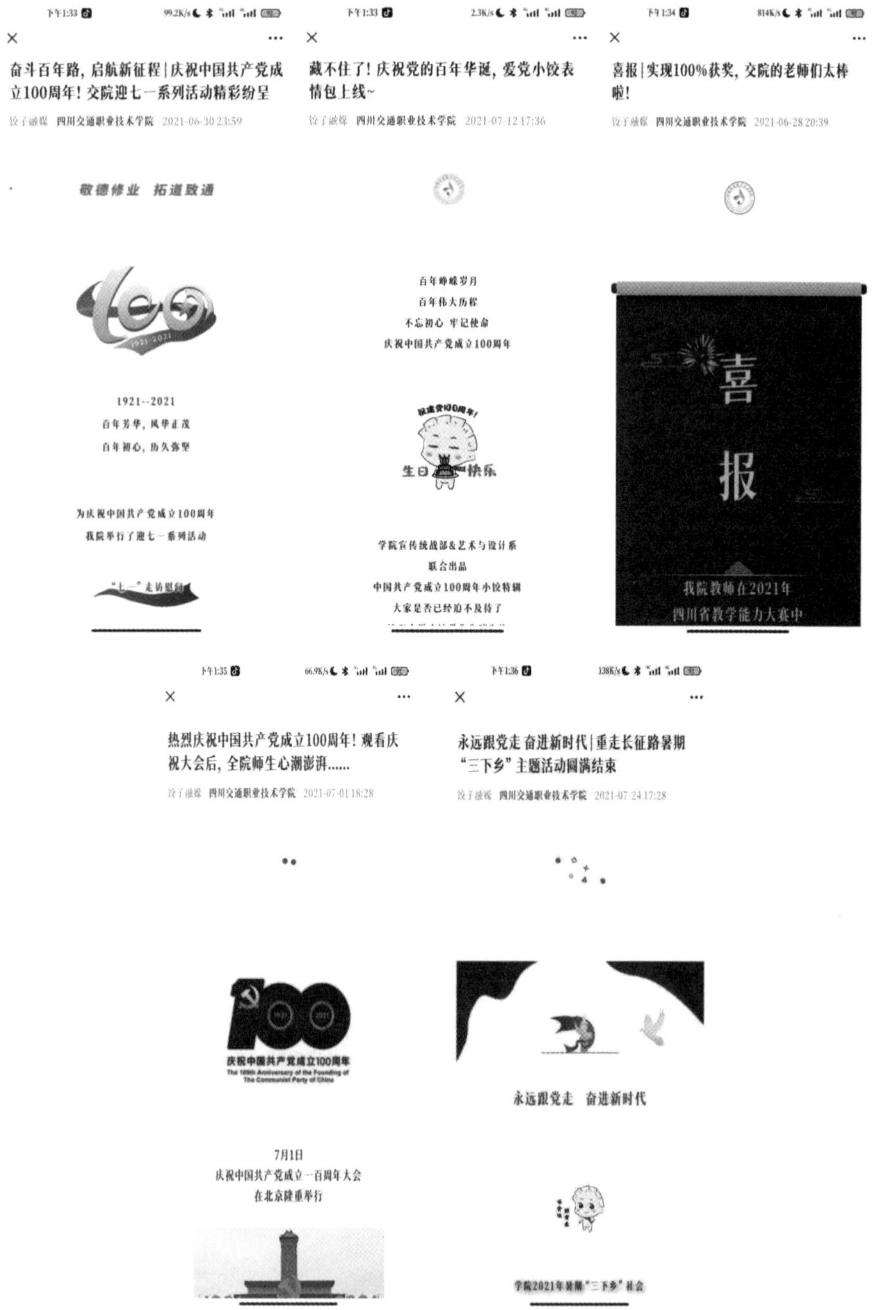

图 1 相关微信推文截图

（作者：四川交通职业技术学院 郭怡）

案例 18

我对党有话说
——全方位联动四川师生，根植爱党爱国情怀

2021 年是中国共产党成立 100 周年，四川省教育厅官方微博“四川教育发布”于 2021 年 4 月发起了“感党恩 · 诉心声”活动，通过搭建党史知识竞答平台、推出话题#我对党有话说#、收集展示“忆资助 · 咏初心”微视频等方式，深入推进四川教育系统爱国主义主题教育活动，进一步激发四川广大师生的爱党爱国热情，引起了微博热议。

一、搭建党史知识竞答平台

“学四史 · 育新人”党史知识竞答活动面向全省大中小学生以及教育系统工作者，开放活动分为三个组别：高校组（在川本科、高职高专院校）、省属中职学校组（省属中职学校）、市州组（市县教育部门、各级各类学校），在微博、微信平台上，师生们积极踊跃答题，活动上线答题人数近 40 万，答题总轮数超过了 160 万。

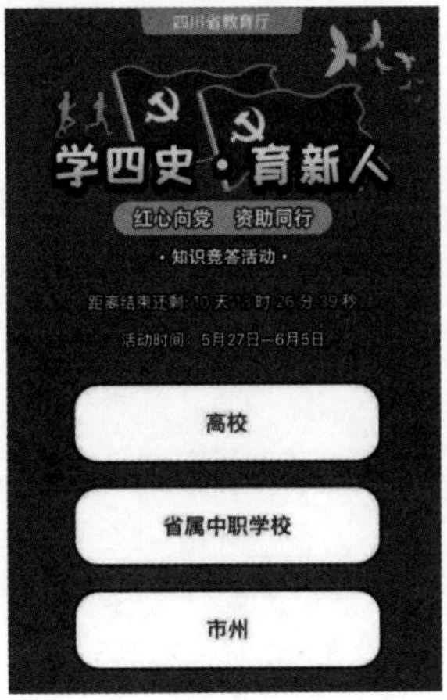

图 1　知识竞答界面

二、“忆资助·咏初心”微视频活动

我们结合全省资助情况，联动各地各校资助中心和相关部门，以“忆资助·咏初心·感恩党”为主题，推出“忆资助·咏初心”微视频展示评选活动。活动先后通过微博、微信等平台进行宣传，通过微博、邮箱投稿等方式收集“忆资助·咏初心”微视频素材，同时，整理并组织开展评审，遴选出10部优秀作品，集中在“四川教育发布”的各新媒体平台进行宣传。

除此之外，“四川教育发布”还原创策划拍摄了《是什么照亮了我们前行的路》主题宣传片，短片通过5位学子的励志故事，展现国家资助成效，鼓励莘莘学子勇敢追梦，无悔青春。该片一推出，得到了学习强国、人民日报等媒体的宣传转发，截至当前，播放量近100万。

三、推出#我对党有话说#话题

我们在微博上建立话题#我对党有话说#，跟踪回访“感党恩”活动。联合100余所学校和全省21个市州教育系统的官方微博，发起微博讨论。本次讨论共发出微博13 000条，其中8000余条为原创微博，阅读量共计1700万，搭建起了四川师生感党恩、诉党情的平台，充分展示了四川师生的爱党情怀和奋斗志向。此次话题的开设，取得了良好的宣传效果，彰显了“四川教育发布”微博平台在主动宣传、热点引导等方面的独特力量。

图2　四川教育发布#我对党有话说#话题数据总览

图 3　话题部分内容展示

“感党恩 · 诉心声”活动利用的两大平台微博、微信均是现代新媒体环境下掌握大流量的主流媒体平台，同时我们推出的三个活动“学四史 · 育新人”党史知识竞答、“忆资助 · 咏初心”微视频活动、#我对党有话说#话题，包括答题、视频、文字等形式，参与方式多样，充分运用了新媒体传播的形式多样化这一点，吸引广大师生踊跃参与，达到了良好的传播效果，让师生的爱党情有处可抒，让师生的爱国情有处发，也展现了四川教育发布的时代责任担当，将党史与爱党情联合在一起，献礼中国共产党成立 100 周年。

（作者：四川教育发布　黄国兵　张贤华　陈烨熙）

案例 19

新媒体燃起重走长征路热潮

一、事件概述及传播效果

2021 年，为促进党史学习教育出实效，西南交通大学希望学院创新形式，围绕“长征精神”进行策划，开展线上线下重走长征路系列活动，发动全体师生参与线上竞答、阅读打卡、重访实地……不断推进党史学习教育具体化、在地化、特色化，从党的百年伟大奋斗历程中汲取继续前进的智慧和力量，推动真学、真懂，学深、悟透。

围绕重走长征路活动热点，学院在校园网站、党史学习教育专题网、官方微信及微博等平台及时同步推送文章，引得师生校友和众多网友纷纷点赞，这次宣传活动还获得了人民网、中国网、四川新闻网等多个媒体的转载报道。

二、启示和经验

2021 年是中国共产党成立 100 周年，也是长征胜利 85 周年。在党史学习教育中，西南交通大学希望学院如何用好党的红色资源、读懂长征这部伟大精神史？如何切身感受国家的艰辛历程、巨大变化、辉煌成就？如何推动党史学习教育深入人心，引导广大师生树立“走好新时代的长征路”的信念和决心？

（一）创新载体，线上线下灵活联动

2021 年 1 月 29 日，学院官方微信平台正式推出“网上重走长征路”学习教育活动，以答题活动为切入点，结合红军长征历程，组织各二级学院分段负责、精心筹备，深入开展“四史”学习。经过上半年的党史学习教育后，7 月 7 日至 7 月 9 日，学院举办党史学习教育中层干部专题培训班。党委书记陈尚云，院长、党委副书记陈叶梅等一行四十余人，从成都出发探访磨西会议旧址、泸定铁索桥、邛崃红军长征纪念馆……跨越 336 千米重走长征路，开展现场教学、仪式教育和组织生活。一条长征路，线上线下灵活联动，通

过学习载体的创新，使师生进一步坚定理想信念，汲取前行动力。

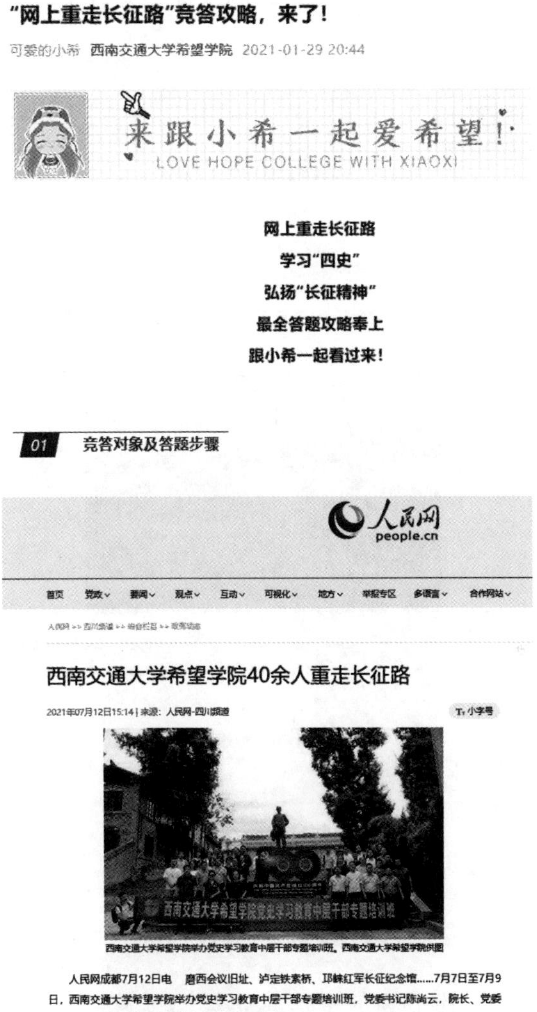

图 1 线上线下重走长征路宣传截图

（二）持续推进，打破内外课堂壁垒

春季学期开学后，在持续推进网上“重走长征路”答题活动的同时，为深入读懂长征这部伟大精神史，学院以“世界读书日”为契机，开展“学四史·读经典”阅读计划，师生全身心学习、静下心思考，将阅读心得谱写成一部沉浸式的红色诵读大片。紧接着，各学院党总支分期讲授党史专题党课，辅导员老师通过“为什么要长征”等一系列问题带领同学们回顾历史，了解革命胜利的来之不易。将长征精神贯彻于课堂内外，以阅读和朗读的形式持续推进活动，进一步深化师生认识，共同庆祝建党百年。

文件下载 校园聚集 图片专题 学院概况 人才招聘 学院新闻 通知公告 校园视频 希望人物

希望校园 专题专栏 留学项目资讯 留学项目介绍 国际就业资讯 国际就业项目

学院新闻

书香育人 文化铸魂 希望学院用阅读让红色经典入脑入心

来源：图文/新闻中心 青春伯 吕镇非 王英丹 贾璐 发布于：2021/06/25 浏览：1129

四史是党的光辉足迹，四史是党的文化传承，是用汗水和鲜血凝聚的精神文化瑰宝。为庆祝中国共产党建党100周年，西南交通大学希望学院于2021年6月24日下午16：30在6102报告厅开展了学四史·读经典红色经典阅读分享会。广大师生全身心学习、静下心思考，学有所思、学有所悟、学有所得，营造读经典、爱读书、读好书校园文化氛围，让四史精神文化成为学院文化的重要部分，让四史相关读物成为学院翻阅最多的书籍类别之一。

“学四史·读经典”阅读计划活动从4月初开始预热，于“4·23世界读书日”当天以读书打卡的形式正式展开，广大师生自由选择微博线上报名或图书馆活动点线下报名，自选党史、新中国史、

06

汲取长征力量，延续信仰光芒

红军长征是人类历史上的伟大奇迹，毛泽东总结其是“宣言书”、“宣传队”、“播种机”，一次“以我们胜利、敌人失败而告终”的创举。张与鹏老师以“回顾长征历程，走好新时代的长征路”为题，带领轨道交通学院软件与信息服务的学生一起回顾历史，汲取长征精神的力量，在新时代延续信仰的光芒。

首先，张与鹏老师通过“为什么要长征”等一系列问题带大家回顾了长征历史，其中中央红军“11个省”、“2.5万余里行程”等数据直观准确的表达出了长征的声势浩大，“约20万人最后仅剩5万余人”的强烈对比更是彰显了长征胜利的来之不易。

艰苦奋斗，玉汝于成。红军将士们用鲜血染红的长征故土上，一座座巍然矗立的长征纪念碑

图 2　课堂内外读讲长征精神截图

（三）聚焦亮点，师生互动促进传播

作为高校新闻媒体，校园网、专题网、官方微信及微博等多个平台不断聚焦活动亮点，从中挖掘典型人物，报道典型做法，采访优秀党员师生、退伍军人学生、高分参赛者，鼓励广大师生积极参与。与此同时，根据微博平台和微信平台受众广、互动性高的特点，通过微信平台发布推荐书目在线阅读方式，通过微博设立阅读打卡通道，引导师生重温红军长征的历史，深刻缅怀革命先烈。在弘扬和继承伟大长征精神的同时，各平台也在增加用户黏性上取得了良好的效果。

新媒体时代，讲究的是多平台的迅速联动，讲究的是线上线下的完美结合，我们运用多个平台如校园网、专题网、官方微信及微博，把学习长征精神和学习“四史”两手抓，将线上答题、打卡，线下授课等多形式多样化结合起来，推动党史学习深入人心，弘扬伟大的长征精神，让全体师生多维度深化对其的认识，用师生对党的热爱之情献礼建党百年。

图 3 相关微信推文截图

图4 互动截图

（作者：西南交通大学希望学院 罗昭芮）

案例 20

以专业特色致敬建党百年：多语种党史热词翻译大赛

2021 年是中国共产党成立 100 周年，中共中央决定在全党开展党史学习教育。为持续推动党史学习教育走深走实，四川外国语大学成都学院官方微信持续关注学校党史学习教育，精准发掘报道重点，努力凸显四川省唯一专业外语高校的特色。

在精彩纷呈的党史学习教育中，2021 年 5 月 20 日举办的“译百年党史 忆伟大征程——庆祝建党 100 周年多语种党史热词翻译大赛”是特别有亮点的一次活动。此次活动是党史学习教育和本校外语专业特色的深度融合，非常符合“构建新型国际传播话语体系，对外讲好中国共产党的故事”的要求，亦因全校师生广泛参与，比赛获得了较高关注度，全体师生团结一致，与时俱进，共同献礼建党 100 周年。

在前期准备中，官方微信平台（以下简称官微）充分了解赛制、赛程、题型和参赛选手情况，安排好了文案撰写和现场摄影的分工。推文《多语种翻译党史热词，川外成都学院的这场比赛刷屏啦!》分为四个部分：第一部分引用《四川日报》新闻客户端“川观新闻”对此次活动的报道，以此为切入点，增添推文的分量和吸引力；第二部分以图文穿插的形式介绍比赛流程、规则和现场情况；第三部分再现比赛中的重点题目和答案，让推文更具专业性；第四部分延伸盘点学校开展的一系列党史学习教育（含红色经典诵读、主题党日活动、合唱比赛等），增加微信文章的信息量，让文章立意更加深远。推文发布后，获得了全校师生的热情点赞。这是一次外语专业素养的展示，更是一次党史学习的热潮，我们通过多彩外语向世界介绍中国共产党，为庆祝建党百年贡献了学校的力量。

四川外国语大学成都学院的“多语种翻译党史热词”推送主要体现了新媒体运营的以下特点：

1. 甄选题材，以专业特色结合时代热点

为庆祝建党百年，推进党史学习教育，学校举办了多项特色活动。选择哪些活动进行重点报道，官微需考虑所在高校的特色与优势。只有把宏大的

时代题材与师生喜闻乐见的内容相结合，官微的表达才更生动、更亲切、更深入人心。“多语种党史热词翻译大赛”最能体现四川省唯一专业外语高校的鲜明特点，报道这场比赛，更能激发新时代青年“心怀家国，语通天下”的理想信念，坚定向国际社会讲好中国共产党故事的决心。

2. 精心策划，以专业精神凸显赛事内涵

针对多语种翻译大赛，官微充分彰显了媒体人的责任感和专业性，提前了解活动流程，构思推文的结构段落和图文搭配方式，为第一时间发文打下坚实基础。推文的第二部分用图文穿插的方式还原现场，拍摄到选手答题和观众反馈的等多个精彩瞬间，让读者更具现场感和体验感。第三部分展示了比赛题目，读者在阅读时能同步答题，增强了参与感和互动性，促进师生通过阅读推文学习翻译知识、重温党史经典。

3. 多平台联动，以专业媒体助力传播效果

推文结尾延伸盘点了学校党史学习教育的情况，让推文没有单纯地“就事论事”，再次在读者心中强化了党史学习教育的重要性，更加厚植爱党情怀。

我们不拘泥于单一的官微报道，同时向学校官网、四川日报等主流媒体供稿，多平台共振、多点聚焦，让多语种党史热词翻译大赛更具关注度，助力官微推文阅读量的提升。

图1　推文部分截图

（作者：四川外国语大学成都学院 陈右平 杨明宇）

案例 21

用新媒体讲好青春故事，让思政工作润物无声
——以“扬华微语”公众号建设为例

“扬华微语”公众号平台隶属于西南交通大学党委学生工作部，是学校日常进行思政教育的官方微信平台。平台坚持落实“立德树人”根本任务，从学生视角出发，坚持因事而化、因时而进、因势而新，持续开展网络思政教育，努力做思政正能量的精准传播者。平台着力强化思政元素，贴近学生生活实际，聚焦三类主题内容，打造三个品牌栏目，用学生乐意听、听得懂、听后有益的话语讲述大学生的青春故事，持续推进“扬华微语”在大学生群体以及学生工作队伍中的影响力和感染力。

一、聚焦三类主题内容，讲述身边故事

“扬华微语”作为面向大学生的网络思政媒体平台，以传递校园热点实况、紧跟时代热点重点、实现周边产品开发等为主要工作内容，努力将思政元素融入大学生身边平常故事，于无声中加强思政工作的有效性与吸引力。

（一）校园实况，将最平淡的事讲成故事

针对校园新闻种类繁杂、数量众多的现状，精准记录、重点挖掘与学生息息相关的校园大事，在满足新闻发布及时、规范、准确的基础之上，特别地重点突出思政元素和对学生的思想引领作用。

2020 年 12 月 10 日晚，西南交通大学犀浦校区三万余名师生全员连夜接受新冠肺炎核酸检测。平台迅速用文字和图片记录下这一充满温暖的夜晚，医务人员的辛勤付出、学校老师的关心关怀、参与同学的井然有序深深让人动容，感恩祖国、感恩时代的伟大召唤烙印在每一个学子心里。

图 1　相关微信推文截图

（二）重点热点，你关注的就是我们讲述的

注重日常工作的时效性，结合重要时间节点和热点话题开展大学生网络思政教育，紧跟大学生关注热点，紧密贴合大学生的实际需求。

紧抓迎新、表彰、毕业“三季”热点，努力挖掘思政元素：迎新季，组织录制《交大，我来了》迎新视频并在开学典礼播放，吸引百余名新生参与录制，激发新生对美好大学生活的期待；表彰季，持续进行“榜样就在身边”优秀个人与集体风采展示，激励全体学生学习先进，勤奋求知；毕业季，组织毕业班辅导员和毕业生分别录制短视频《孩子们，再见》《交大，再见》并在毕业典礼上播放，进一步引导学生爱国爱校、感恩奉献。我们制作的短视频获得教育部官方微博“微言教育”、中国大学生在线、四川在线等主流媒体转发报道，点击量近 20 万次。

图 2　相关微博

（三）周边产品开发，用时尚的话语讲思政故事

思政工作不是生硬机械的说教，平台坚持用年轻人喜闻乐见的形式做思政，在塑造品牌形象的同时着力贴近学生，提高思政工作的感染力与吸引力。

平台自主创作的"大思政"系列微视频，用年轻人喜爱的动画形式，将教育性、思政性寓于具有观赏性、趣味性的内容之中，让"成长""防火""防艾"等话题不再枯燥，为更多同学提供大学生活的"合理打开方式"。其中《翻转青春》动画在 2020 年全国高校思想政治工作"金微课"征集活动中荣获三等奖。平台将"扬华微语"设计成为两个实实在在的、青年学生喜闻乐见的可爱卡通形象，使得网络思政更具亲和力，于无形中强化思政工作成效。

图 3　动画微视频截图

二、打造三个品牌栏目，书写经典故事

为加强网络思政的有效性、丰富性和持续性，扩大在学生群体中的影响力，平台建设以项目制打造精品，建立独特的网络思政品牌专栏，用“经典故事”带动网络思政落实落地。

（一）《扬华人物》，讲述优秀学生的成长故事

在学生榜样塑造和优秀朋辈作用发挥方面，我们着力打造《扬华人物》优秀学生访谈专栏，以持续、连贯的设计风格和相对统一的形式展现交大学子青春榜样，引领广大学子通过身边榜样去探索人生的千姿百态，更好地找寻自己未来的方向。该专栏获 2020 年度西南交通大学校园好新闻一等奖，栏目品牌具备一定影响力。在此基础上，《扬华人物》优秀学生访谈专栏还结集成书并正式出版，本书作为新生入学教育内容发放给 7000 余名西南交通大学 2020 级本科新生，帮助新生更快更好地树立学习目标，寻找属于自己的前进方向。

图 4 《扬华人物》

（二）《学工微谈》，讲述辅导员工作的温暖情怀

在新冠疫情防控期间，平台积极探索网上“云思政”新形式，开设《笔尖战“疫”》辅导员专栏，组织辅导员围绕抗击疫情和学生关心的话题以文字

形式开展线上思政教育，引导学生科学防护、沉淀收获、提升自我，取得良好反响。在此基础上，平台于师生返校复学后开设全新《学工微谈》辅导员专栏，进一步搭建辅导员工作交流展示平台，持续呈现辅导员开展网络思政教育工作的经验做法，助力大学生网络思政工作走深走实。此平台也成为辅导员开展网络思政教育和工作成果展示的重要通道，打造了学生工作系统的一张新名片。截至 2021 年 12 月，《学工微谈》专栏已发布辅导员文章 66 篇，累计点击量超 12 万次。

图 5　相关微信推文截图

（三）《扬华青声》，讲述青年学子的青春声音

学生是网络思政的对象，更是网络思政的主体。平台在网络思政开展过程中注重激发学生的主动性和参与感，增强学生主人翁意识，开设青年学生专栏《扬华青声》。该专栏面向全体在校学生征集文章，为提高学生的参与积极性，征集的内容和形式均不受限，努力实现学生想法表达有平台、有通道、有鼓励，一方面在学生群体中间起到示范引领作用，另一方面也有利于网络思政工作者了解学生关切的问题，倾听青年声音。

在上述努力下，“扬华微语”平台建设近年来取得一系列成绩：工作成果在第四届全国大学生网络文化节中获得一个一等奖、两个三等奖，在“我亲爱的长江与伏尔加河”国际大学生文化推广视频大赛中获唯一的一等奖，在 2020 年全国高校思想政治工作“金微课”征集活动中荣获三等奖。平台建设获“全国高校网络教育优秀作品”三等奖，入选“四川省教育厅网络思政优秀工作案例”，获西南交通大学“十佳校园媒体”称号。多项成果被“微言教育”、中国大学生在线、四川在线等主流媒体转载关注。

在平台建设持续进行的背景下，2021 年微信平台关注量超过 6.6 万，累计阅读量超过 120 万，分别较上年增长超过 20%和 40%，网络思政的覆盖范围得到扩大，教育效果得到了进一步加强。

证书

西南交通大学 刘劲楠、马芷荃、王 靓：

你的作品《交大青年》，荣获第四届全国大学生网络文化节其他类网络创新作品征集活动

一等奖

教育部思想政治工作司 中央网信办网络社会工作局

2020 年 10 月

图 6　第四届全国大学生网络文化节一等奖证书

三、推动平台持续向好，故事未完待续

要实现大学生网络思政“润物无声”的教育效果，就必须持续深入探索网络思政新形式、新方法。为进一步将网络思政教育落到实处，平台将继续通过以下努力不断进步，继续讲述青春故事。

（一）故事内容上要多样化

在素质教育背景下，网络思政有必要、有条件引导学生探索更多样的发展方向、培养更全面的素质和能力。以《扬华人物》栏目建设为例，未来要着力挖掘在科创研究、学生工作、志愿服务、艺术体育特长等各个方面的优秀学生代表，让榜样的力量在各个领域都有所展现，引导广大学生多维发展、全面发展。

（二）故事形式上要灵活化

伴随着青年一代阅读习惯的逐渐改变，以“纯文字”形式为主的内容已难以适应思政工作的需要。在未来的工作中，我们要进一步丰富网络思政开展形式，灵活运用文字、图像、视频等多种工作手段，密切与学生互动，开发更具吸引力、感染力、传播力的网络思政产品，在从事“新”媒体的同时努力做到“融”媒体，在广大学生群体中产生更强的号召力和影响力。

（三）故事栏目设置上要系统化

在经过近年的探索后，“扬华微语”栏目制建设取得一定成果，三大品牌栏目具备了一定积淀。在此基础上，我们持续强化栏目设置，完善体系建设。一方面在各栏目内部要进一步理顺思路逻辑，从发布时间、频率、内容上进行统一布置，以培养读者阅读习惯；另一方面各栏目之间要有所呼应、相互协调、共同促进，以栏目的“品牌化”建设持续推进“扬华微语”平台高质量建设。

故事未完待续，“扬华微语”平台将继续做好思政正能量的精准传播者，讲好学生愿听、爱听、听后有益的青春故事！

（作者：西南交通大学党委学生工作部 邓秀芸 雍腾）

案例 22

拓宽内容新渠道 献礼建党百周年
——西南交大建设开放型高校官方微博

西南交通大学新媒体中心一直致力于做学生身边的新媒体。不仅在发出交大声音，传播交大正面形象的过程中起到了重要作用，同时也关注学生身边的点点滴滴，报道学生身边事。

西南交大官方微博日常发布的内容丰富多样，包含事件记录、图文策划、话题互动、知识搬运等多个方面。例如：彰显学校实力，传播交大优秀事迹的事件记录微博，如世界首条高温超导高速磁浮试验线、广州塔校庆祝福等，得到在校学生、校友及校外粉丝的极大关注。与此同时，互动话题、校园生活等贴近学生生活的内容也受学生青睐。

策划者自己获取素材、想出创意进行发布，这种情况下发布的内容和粉丝的兴趣点可能相差甚远。若是运营者只是一味地发布自己感兴趣的内容，而不关注粉丝想看什么、在做什么，微博运营很有可能只会成为运营者的“自嗨”。

因此，除去传播交大优秀事迹，在主动了解校园新鲜事，推出相关策划的同时，交大新媒体也积极收集学生的投稿进行发布。在接收投稿的过程中，除了能够获得优秀的发布内容，还可以了解粉丝心理，增加粉丝黏性。

2021 年是中国共产党成立 100 周年，西南交通大学官方微博多角度、多形式、长时间运营#学党史 我打卡#等话题，就在此时，我们收到投稿，交大学子通过自己的方式献礼建党 100 周年。2021 年 6 月 30 日，西南交大“九里跑步小分队”开展以“百公里接力，献礼建党百年华诞”为主题的跑步活动。

100 千米的跑步活动中，十三名青年学子充分发扬“奔跑不息，奋斗不止”的体育精神，相互鼓励、全力以赴，共享运动带来的喜悦之情。经过七个多小时的奋力奔跑，他们在凌晨三点顺利完成本次活动。参与跑步的同学认为，通过自己热爱的运动方式来庆祝中国共产党成立 100 周年，非常有意义。

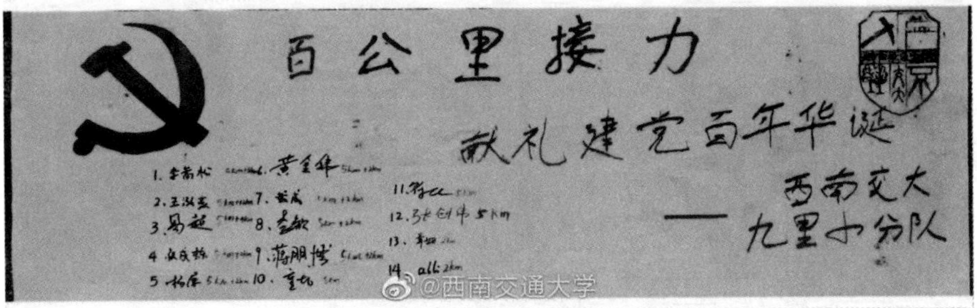

图 1　队员签名表

交大新媒体中心收到队员投稿后，第一时间和投稿人确定活动背景和具体细节，并根据投稿撰写文案，确定微博专属话题。在活动结束的第二天，即 7 月 1 日建党节，及时进行发布，获得粉丝关注。

此条微博展示了建党 100 周年纪念活动和学生生活更紧密、深切的联系。我们可以用自己热爱的方式，献礼党的百年华诞，彰显青年活力。例如，跑步体现青年“我运动，我健康，我快乐”的精神朝气，用毛笔书写建党 100 周年祝福词体现青年热爱中国传统文化等。

此条微博，不仅是我们祝福建党 100 周年的礼物，还吸引了更多粉丝的关注，激励交大学子在学习、生活中共同献礼建党百年华诞。

若运营者只是对着网络、书本空想，也许能想出好创意，但灵感终究会枯竭。但若是运营者广泛地接受粉丝投稿，并对内容进行筛选，不仅能丰富官方微博发布的多样性、创意性，同时也能增加粉丝黏性。当然，若想收到更多的投稿，官博在及时处理投稿信息、增强优秀内容识别能力、激励粉丝投稿的积极性等方面，都需要继续努力。

（作者：西南交通大学新媒体中心 赵滢潇）

案例 23

挖掘红色故事，生动呈现形式，助力主流宣传入脑入心

2021 年是建党百年，也是五四运动的 102 周年，在此时间节点上，西南交通大学策划推出《燃，102 年前的今天》漫画作品，回顾西南交大的先辈们在五四运动中那段激情燃烧的岁月，希望交大青年学子继续传承红色基因，赓续爱国传统，勇做走在时代前列的奋进者、开拓者、奉献者。

一、挖掘红色基因，青年学子与时代同频共振

作为一所拥有一百二十余年历史的学校，西南交通大学始终与祖国同心同德，同向同行。一百二十余年的历史中，红色基因熠熠生辉。在做相关的内容策划时，挖掘校史中的红色基因，让当代青年学子了解当年的交大学长学姐的故事，是我们进行策划的一个努力方向。

在内容策划上，通过查阅材料，我们了解到在 102 年前的五四运动中，西南交通大学（时称唐山工业专门学校）的学子们，积极响应北京学生们的号召，成为唐山五四运动洪流中的先锋。以李中襄为代表的交大学子不屈不挠，冲锋在前，推动了唐山、冀东爱国运动的蓬勃发展，对于反对帝国主义侵略，反对北洋政府卖国投降、捍卫国家主权做出了不可磨灭的贡献。在国家民族面临危难的重要关头，以许元启为代表的交大学子用自己的行动诠释了“天下兴亡、匹夫有责”的民族精神和家国情怀，以笔代戈，传学子心声，扬进步思想，同帝国主义和封建势力进行了彻底的不妥协的战斗，将马克思主义在我校这所工科大学中传播开来。以我校第一位共产党员田玉珍为代表的交大学子以拳拳的爱国之情、赤子之心，积极传播马克思主义先进思想，带领众多交大青年学子确立正确的政治思想，树立正确的人生态度，毅然决然走上了革命的道路，在科学思想的指导下拯救民族危亡，捍卫民族尊严。

在描述历史背景的同时，我们选取了三位比较有代表性的人物进行更为细致地讲述，希望他们有血有肉的生动故事可以感染当代青年学子。

二、创新内容形式，助力主流宣传入脑入心

在内容形式上，随着媒介形式的多样化发展，青年学生的媒介接触习惯和内容接受习惯发生了很大的改变，主流宣传如何入脑入心是我们考虑的重点。结合青年学子的习惯，我们选择了长图漫画这种直观形象的形式，对交大校门等标志性建筑进行刻画，对人物故事进行生动讲述，唤起当代青年学子的共鸣。

图 1　部分漫画截图

在拟定标题时，经过讨论，我们确定将《燃！一百零二年前的今天》作为标题，在标题当中体现号召力。希望用漫画这种年轻人喜闻乐见的形式讲述、传承红色故事，助力主流宣传入脑入心。

三、关注传播效果，形成宣传合力

漫画作品在青年节当天推送，在西南交通大学微信公众平台首发，在微博等平台跟进发布，同时将内容纳入#传承红色基因#标签合集中，形成宣传合力。

在主题内容宣传中，找准内容立足点很重要。挖掘红色基因，传承爱国传统，对于学校来说，校史故事中的红色基因是珍贵的宝藏，是我们讲好党史故事的重要源泉。同时，宣传受众是青年学生，在形式的选择上应该更加重视，选择他们喜闻乐见的形式，也是讲好主旋律故事的关键点之一。

（作者：西南交通大学　刘中慧）

案例 24

高校微信公众号应对疫情的运营实践及思考
——以西南交通大学官方微信为例

庚子年初，一场突如其来的新冠疫情蔓延在中国大地之上。疫情之下，十四亿中华儿女同心协力，共同抗疫。西南交通大学官方微信在抗击疫情期间也充分发挥高校官微的舆论引导与发声作用，讲交大“战疫”故事，发出交大“战疫”声音。在此期间，西南交通大学加强新媒体技术运用，引领价值导向，在官方微信与微博上传播正能量，提升凝聚力，引导师生理性正确看待疫情发展，指导公众通过合理的方式参与社会治理。

本文以西南交通大学官方微信（以下简称“官微”）应对新冠疫情的实践为例，分析疫情期间微信推送总体趋势以及发布内容，并从中探究疫情时期高校官微的运营规律，总结经验并提炼具有实践指导意义的运营指南。

一、发布内容分析

对西南交通大学官方微信发布的疫情相关推送进行分析可见，124 篇疫情相关推送可以被分为四大类，分别为：校园通知公告类、疫情通报科普类、疫情相关原创类、交大“战疫”报道类。各类别推送篇数及占比情况详见图 1。

（一）实时发布学校应对措施，信息准确有效传达

在 23 篇校园通知公告类推送中，西南交大校内相关通知共计 16 篇，占该类别总数的 69.6%；转发其他官方媒体发布的校园通知共计 7 篇，占该类别总数的 30.4%。

受新冠疫情的影响，学校的返校安排及教育教学进度等都不能按照原定计划进行，及时发布学校相关通知公告，准确有效传达学校相关安排就成了高校官微在疫情之下的首要任务。16 篇校内通知推送涵盖范围较广，涉及返校开学、艺术类校考、研究生招生安排、疫情期间值班工作等各个方面。而

对于高考延期、高校延期开学等信息，作为高校官微的西南交通大学官方微信及时转发中央媒体、政府机构官方媒体以及地方媒体的推送报道，让同学们更便捷地了解相关政策措施。

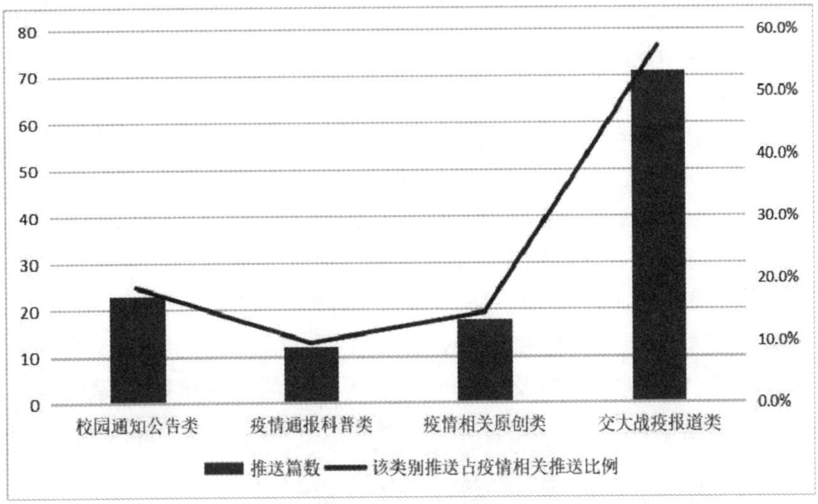

图 1　西南交通大学官方微信疫情相关推送分类统计图

在 23 篇推送之中，阅读量过万的推送有 19 篇，占该类别推送总数的 82.6%，其中，《西南交通大学关于春季学期学生返校的通知》在该类别中阅读量最高，达到了 6.2 万。较高的阅读量在一定程度上反映出疫情期间高校官微发布的校园通知公告的传播力度。

（二）进行疫情通报科普，心系师生身体健康

疫情之下，校园通知必不可少，而防疫科普也同样重要。在新冠疫情期间，西南交通大学官方微信共发布疫情通报科普类推文 12 篇，发布学校所在成都市的相关举措，实时关注疫情动态信息，并转发“战疫”公开课等疫情预防科普指南，提醒全校师生注意身体健康。高校官微的官方发布，既可以使学生及时了解和掌握最真实的抗疫前线要闻，也可以有效防止谣言的扩散。高校官微发挥新媒体舆论引导功能，从而提高大学生面对谣言的识别能力，增强正能量的社会传播。

（三）跟随热点，原创内容鼓斗志

高校官微的日常发布可以分为新闻和原创两大类别，而以疫情为主题的原创内容，更加为大学生喜闻乐见，接受度较强，不失为疫情之下较好的一

种传播方式。

纵观西南交通大学官方微信发布的疫情相关原创类内容，可以发现，推送的主题根据时间推移与疫情形势发展按时间顺序发生变化。二月上旬的原创主题以加油祝福为主，隔离病毒却并不隔离爱，以文字之力，让全国各地的交大人在冬日里感受到温暖与力量。二月中旬的原创主题转变为“宅家”运动学习指南，引导学生在疫情之下保持健康规律作息，虽然宅家，但也可以强身健体、汲取知识。不忘立德树人之任，积极正向引导全校师生。二月下旬及三月，原创文章以抒发对交大的思念之情及交大“战疫”故事为主。其中,《想见你，交大和你》巧妙将网络热播剧与疫情之下学生对校园的思念之情相结合,《限定 | 春日悄至，只待尔归》将交大春景用文章推送传递到思念交大景致的每一名师生眼中。既缓解了学生因“宅家”而产生的焦虑情绪，又将时事热点与校园生活紧密结合，在抓住受众心理的同时弘扬正能量。网络教学开始后，原创内容涉及网络教学、居家生活及漫画防疫等诸多方面，在贴近学生生活的同时也体现了高校教书育人、为国家培养栋梁之材的任务。

（四）传播交大战疫声音，讲述交大抗疫故事

在所有疫情相关报道中，交大战疫报道类所占比重最大，共计 71 篇，在 124 篇推送中占比 57.3%。

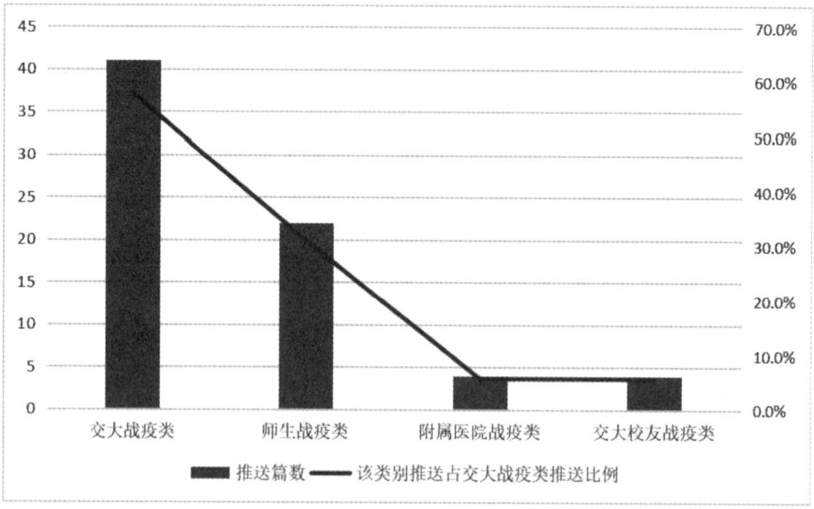

图 2　西南交通大学官方微信交大战疫报道类推送分析统计图

注重思想教育，交大“战疫”展关怀。西南交通大学在新冠疫情中充分发挥基层党组织战斗堡垒作用和共产党员先锋模范作用，勇担当，敢作为，

以实际行动践行初心使命。官方微信全方位报道交大“战疫”行动，从心理支持手册到电子图书，从交大安保撑起疫情“防护网”到电子图书资源与课程免费开放，从思政讲坛到线上教学……高校的行动，为师生平安撑起一道保障网；而官微的报道，则为师生家长吃下一颗定心丸。22 篇师生“战疫”类推送中，有多篇转发自西南交通大学各学院新媒体平台，视角多元化、内容多样化，全方位报道交大“战疫”中的师生榜样。在抗击新冠疫情期间，西南交通大学附属医院（成都市第三人民医院）也派出了医护人员驰援湖北武汉。在这支援鄂医疗队出征武汉期间，西南交大官方微信对医疗队的出征、战疫情况以及圆满完成任务顺利返蓉均进行了推送报道。

西南交通大学官方微信在新冠疫情期间积极报道校友抗疫行动，并对校友给予慰问和关切，通过交大新媒体这一纽带，将全球交大人连接在一起，增强归属感与凝聚力，汇聚交大磅礴力量。

二、启示与展望

（一）在党的领导下开展舆论引导工作

高校官微属于高校党委宣传部下属机构，在突发重大公共卫生事件面前应充分发挥基层党组织战斗堡垒作用，宣传先进典型，进行积极正面的舆论引导。新冠疫情暴发，互联网上的信息泥沙俱下，人们身处信息的海洋之中，难免会受到谣言的影响而产生恐慌情绪。这时，高校官微在党的领导下开展舆论引导工作就显得至关重要。高校官微的推送内容就犹如一颗颗“定心丸”，紧随主流媒体与政府机构，安抚广大师生，形成主流舆论。

（二）注重传播时效性，及时发布校内外新闻信息

新媒体相较于传统媒体，很大程度上克服了新闻传播延迟性的问题，从传统媒体的“及时性”到新媒体的“即时性”，时效性特征凸显。面对突发公共卫生事件，高校官微应第一时间发布学校相关应对措施，提高传播效率，扩大传播范围，真正做到通知师生“周知”。

（三）发挥新媒体矩阵作用，多维度全方位进行报道

高校官微与各学院新媒体平台形成新媒体联盟，并增加联动机制，能够更好发挥各媒体平台的优势。在丰富官微报道视角与稿件来源、增强稿件真实性与可读性的同时，为各学院微信公众号推文提高传播率，实现一举“双赢”乃至“多赢”。

（四）不忘立德树人教育工作，培养学生归属感与价值观

立德树人不仅仅要求新时代中国青年具有中华民族传统美德，具有共产主义理想信念，还要具有社会主义核心价值观，传承民族精神和时代精神。当突发公共卫生事件时，高校官微对于“战疫”前线英雄事迹、校内师生“战疫”行动的报道，是“榜样的力量”的最好诠释。教育并不是一味地说教，而是用实际行动去感染学生的思想与心灵。全校师生众志成城，是出于对学校浓浓的归属感，更是在课堂之外学生形成正确价值观的良好契机。在日常学习生活中进行立德树人教育工作，培养当代大学生“德才兼备、以德为先”良好品质。

三、结语

在抗击新冠肺炎疫情期间，高校官方微信公众号作为学校对外的发声窗口，应在党的领导下开展舆论引导工作；注重传播时效性，及时发布校内外新闻信息；发挥新媒体矩阵作用，多维度全方位进行报道；且不忘立德树人教育工作，培养学生归属感与价值观。

关于新媒体工作的思考永无止境，在发布后常反思，方能发出“最强”的高校声音。

（作者：西南交通大学 朱莹燕 曾蕙心）

案例 25

追寻红色血脉，挖掘革命基因
——新媒体助力党史教育宣传工作

2021 年 2 月，为热烈庆祝中国共产党成立 100 周年，中共中央决定在全国全党范围内开展党史教育活动，激励全党不忘初心，牢记使命，在新时代党的建设中，齐头并进，奋勇向前。西南交通大学是一所拥有深厚“红色基因”和优良革命传统的高等院校，全校师生积极响应党的号召，掀起了一阵党史学习教育的热潮。

在此背景下，交通运输与物流学院通过思想道德基础与法律修养课程，在同学间开展了以“追寻红色血脉，挖掘革命基因”为主题的自主视频拍摄活动。交运学子集思广益，实践创新，通过各种形式演绎党的奋斗历程，展现党的百年风采。新时代青年的创新思想与党的伟大征程相融合，一件又一件的优秀作品横空出世。其中 2021 级交运六班同学的微电影作品《念念不忘》尤为出色。

云运传媒中心（以下简称“云运”）作为交通运输与物流学院的官方媒体平台，承担着学院新时代思政育人和展现交运师生风采的重要工作。在建党 100 周年之际，云运牢牢扎根实际、把握时机，以学史明理、学史增信、学史崇德、学史力行为主题推出了一系列新闻，在学院官方网站和自媒体上都收获了许多关注与好评。

在院党委和老师的指导与帮助下，云运敏锐地抓住了此次视频拍摄活动的契机，积极沟通，协调工作，以微信推文的形式对这部微电影作品进行推送宣传，多角度、多方位展示了交运学子在党史学习中的认识、思考与收获，对学院师生积极参与党史教育活动起到了很大的促进作用。

推送过程中，云运注重创新，尽最大努力发挥出新媒体在宣传工作中独有的力量。在文字内容上，推文先介绍了建党百年历史、“四史”学习、青年信念，再引出了党史学习视频作品的核心内容。为了深度挖掘同学们视频创作的灵感来源、切身体会与创作心得，云运采访了创作团队成员，细腻而深入地展示了视频创作的过程。推送结尾则从“四史”的重要性与价值出发，号召阅读者一同加入党史学习中，并以视频的结尾文字为结束语，发人深省，震撼人心。而微信推送的排版风格，同样也是云运作为自媒体对于内容创新的成功尝试：推送以大红色为背景，具有强烈的视觉冲击效果，也代表了热烈、幸福、斗志、革命。灯笼、五角星、麦穗、天安门等视觉元素的添加，也渲染了党史学习中独有的红色精神，使阅读者沉浸其中。

本篇图文推送案例体现了高校自媒体在运营中的特点：

1. 紧贴校园工作，扎根学生生活

自媒体从校园中走出来，也要走进校园中去。云运传媒中心跟随着党史学习教育的浪潮，善于发现热点、深入同学们的学习过程，探索同学们的学习成果。以微电影作品为载体，形式精简短小而又新颖，引发观众和阅读者的共鸣，从而起到较好的宣传效果。

2. 服务宣传传播，助力思政教育

新媒体作为网络宣传平台，更容易受到同学们的喜爱，同时也是学校对同学们进行思政教育的“第二课堂”。云运推出“学史力行”系列推送，将党史学习教育工作搬至新媒体平台，调动了同学们的积极性，也为学校学院的建设布局添砖加瓦。

图 1　微信原文截图

（作者：西南交通大学　唐晋元）

形式创新

认清平台定位，探索形式可能。

新媒体时代给予内容创作者更多的平台、更多的手段、更多的机会。如何站立在时代风口，利用平台特性做出迎合受众的好内容？当然要下沉平台，创新形式。音视频内容结合大热话题、图文创作借助技术赋能……“好风凭借力，送我上青云。”新形式带给我们耳目一新的感受，也带领我们探寻发声的新可能。

案例 26

“红土”文化育人实施路径探索

高度的文化自信是当代大学生成为国家栋梁的必然要求，也是其抵御外来文化霸权的精神源泉。文化认同对于一个民族和国家具有重要的意义，随着科学技术的发展，互联网和网络新媒体以其独有的开放性、平等性、互动性、异质性，给当代大学生的思想观念、价值观念、文化认同等带来了许多影响。其中，部分不良信息也造成大学生价值观混乱、文化认同感缺失。

西南交通大学土木工程学院结合“三全育人”综合改革试点平台的建设实际，围绕“文化育人”总体方案，打造“红土”文化育人品牌，构建全方位的宣传展示机制，增强文化育人效果，使文化浸润真正做到入心入脑，增强学生们的文化自信。

“红小土”系列文创产品，为“红土”文化的宣传提供了一个新的抓手，采用学生喜闻乐见的形式，深入学生学习生活的方方面面，激发学生们对“红土”文化的热爱，提升学生们对文化艺术创作的积极性，提高学生们的审美和人文素养，为培养德智体美劳全面发展的社会主义建设者和接班人作出了自己的贡献。

一、“红小土”形象宣传打造

我们依托学院学科特色设计了原创卡通人物形象——“红小土”，并于 2020 年 5 月 15 日推出“红小土”卡通形象。他头顶“土木”二字，紧扣学校轨道交通特色，融入线桥隧等元素，是一个充满正能量的阳光小青年。在形象确立后，我们设计了几个与学子生活息息相关的系列栏目板块，包括互动板块、学习板块与心情板块。2020 年 9 月 10 日，红小土系列表情包正式上线，系列表情共 24 个，下载量 3000 多次，发送量超 2 万。

同时，我们也以“红小土”卡通形象为基础，持续推进相关文创产品的设计与宣传推广，做出了一系列贴近学生、受学生喜爱的文创产品，包括 U

盘、手持玩偶、套头玩偶、文化衫、钥匙扣、书签以及办公区域温馨提示等，我们还在各类宣传展示材料中融入“红小土”卡通形象，从而有效推广“红小土”正能量品牌形象。

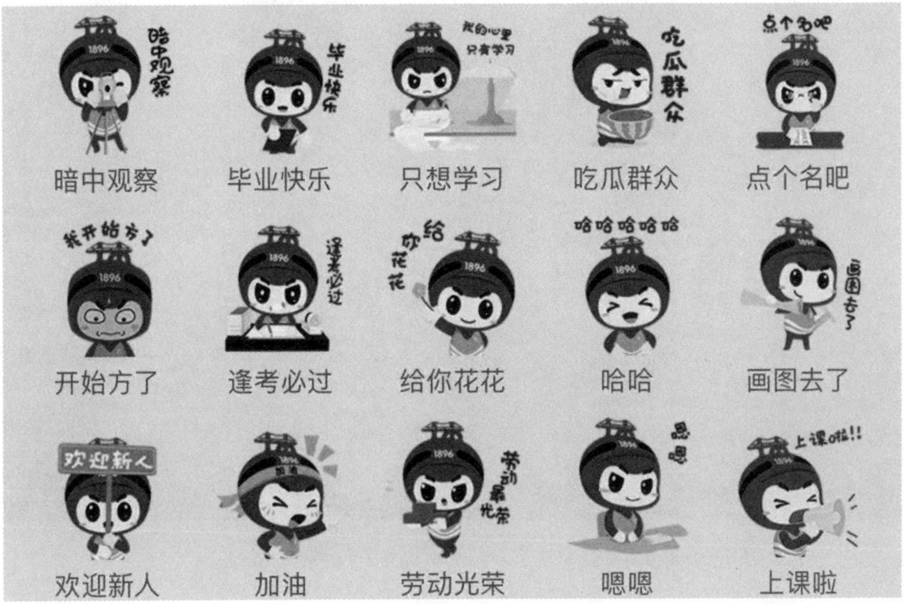

图 1　红小土表情包

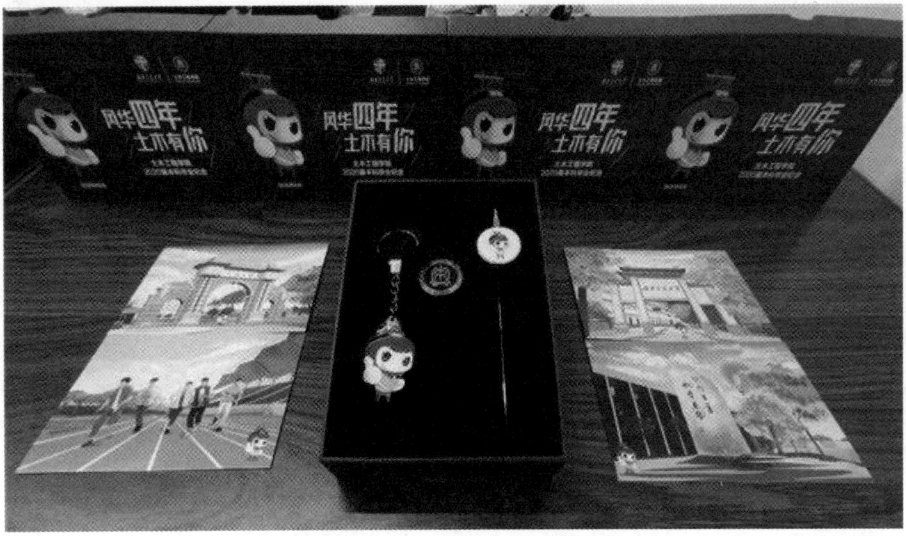

图 2　2020 届毕业生毕业礼物

图 3　2020 级新生入学礼物

二、红小土讲故事

“红小土”讲故事短视频项目，依托学院“红小土”卡通形象，以学校学院历史文化为内容，深度挖掘学校学院历史上的深厚历史文化故事、栋梁人物和百年工程，同时记录新时代土木青年的学习生活，以短视频的形式吸引同学们，渗透于同学们学习生活的方方面面，起到良好的文化育人效果，具有较好的主题性和创新性，能够增加同学们对学校以及学院的认同感和自豪感。

我们从学院总结和梳理的案例、人物和事迹出发，结合“红土”文化内容分类，在“西南交大土木 news 君”的公众号内设置了鎏金岁月、栋梁人物、百年工程、我身边的“红小土”四个主题板块。前三个板块向同学们介绍了学院的发展历程、优秀校友以及学院参与的重大工程项目，让同学们对学院以及“红土”文化了解得更深刻；第四个板块通过讲述身边同学在参与科研竞赛、实习实践、社会实践和志愿服务中的小故事和体会，使整个系列更贴近同学们的日常生活。

图 4　红小土讲故事系列推送

（一）鎏金岁月

在“鎏金岁月”板块中，我们叙述了交大的发源历史。“璨兮如金在熔，璀兮如玉相攻。桃秾李郁，广座被春风。”山海关、唐山、杨家滩、平越、峨眉、成都……在这场从华北到西南、从沿海到内陆的千里跋涉中，交大肩负着为国培育英才的重任，将希望的火种播撒在每个角落，终赢得桃李满天下。“鎏金岁月，百年历史”，这三期视频带大家再一次走进 20 世纪初交大那段曲折坎坷的发展历程，重温唐山交大时代的卓越成就、漫谈校名中的精神内涵。

（二）栋梁人物

在“栋梁人物”板块中，我们介绍了竺可桢、李俨和方俊先生。竺可桢先生扎根祖国大地，目视高天之上的阴晴雨雪，心里牵挂的却是黄土之上的亿万苍生。李俨先生将一生奉献给了祖国的铁路建设与数学事业，是中华大上致力于贯通山河的杰出铁路人，亦是中国数学史上当之无愧的传承开拓者。方俊院士毕生将科学研究与国家前途紧密联系，他杰出的成就和为母校的发展做出的努力，他精湛的学术造诣和开拓性的学术业绩，都为中国测绘事业做出了不可磨灭的贡献。他们“竢实扬华，自强不息”的人生精神更是如金般璀璨，指引代代交大学子投身于自我理想的追求与自身价值的实现之中。

（三）百年工程

在“百年工程”板块中，我们选择的是京张铁路、钱塘江大桥和滇缅铁路进行介绍。身处 21 世纪的我们从这些故事中体会到 1909 年我国创造性地攻克了“跨越巨大高差，开挖长大隧道”这些当时西方国家也难以突破的技术难关，建成了中国历史上第一条完全自主设计、投入运营的铁路的振奋；1937 年，茅以升先生含泪炸毁钱塘江大桥时的无奈与痛苦；1942 年，日军阻挠导致滇缅铁路未能顺利竣工时人们的愤懑与遗恨。我们希望通过这三期视频，向同学们讲述那段风雨如晦但也充满光辉的历史，感悟先辈们劈波斩浪开新篇的工匠魂与爱国情。

（四）我身边的“红小土”

在“我身边的‘红小土’”板块中，每年九月由新生来分享他们初来交大的感受、对土木专业的认识理解和对未来的初步展望，感受他们闪亮的神采和昂扬自信的精神风貌；每年六月则是即将毕业的大四同学送来的暖心告白和对学弟学妹们的殷切祝福，他们以最真挚的感情表达着对同学、对老师、对交大的不舍。每年的 11 月，由保研的同学为广大学子带来的学习“干货”分享，帮助同学们更好地做出未来的选择。

时间是让人猝不及防的东西，青春是一场有去无回的旅行。我们祝福大四的同学前程似锦，也希望大一大二大三的同学珍惜当下，不愧对眼前人。

图 5　红小土讲故事视频图片

三、总结

一路走来，经过从实体文创产品到视频文化产品的变革，“红小土”形象从高知名度走向了高价值含量。

当前大学生网络思政教育“去中心性”属性明显，交互性、及时性、碎片化等特征明显，而红小土讲故事系列视频采用类似“青年大学习”的短视频形式，满足了当今人们日常碎片化的阅读需求。每期 2～4 分钟，原创的内容短小充实有意义，且与土木主题紧密相连，同学们可以较为便捷地通过手机等移动设备查看。

后期，我们将继续以“红小土”卡通形象为基础，持续推进相关文创产品的设计与宣传推广，打造一系列贴近学生、受学生喜爱的文创产品，在各类宣传展示材料中融入“红小土”卡通形象，有效推广“红小土”正能量品牌形象，增强师生对“红土”文化的接触度、感知度、理解度、接受度，有效提升文化育人效果。

（作者：西南交通大学土木新闻中心 陈柯佚）

案例 27

“校史讲述”视频化，助力高校思想政治工作

习近平总书记在全国高校思想政治工作会议上强调，把思想政治工作贯穿教育教学全过程，开创我国高等教育事业发展新局面。新形势下，掌握网络舆论主动权的任务更加重要，利用新媒体引领广大师生思想的任务更加艰巨。西南交通大学主动构建新媒体矩阵，结合当下青年大学生喜爱的短视频形式，利用好“新媒体、新手段”，扎实推进学校思想政治工作。

一、案例背景

2021 年是中国共产党成立 100 周年，也是西南交通大学建校 125 周年。自 1922 年，西南交大有了第一名中国共产党党员田玉珍以来，中国共产党成长发展过程中的许多重大历史事件中，都有学校师生校友的印记，涌现出马增玉、武胡景、杨潮、李特、刘文华等革命烈士，还有茅以升、竺可桢、姚桐斌、陈能宽、曹建猷等爱国科学家。一批批优秀党员矢志不渝，爱党信党跟党走，锤炼和形成了流淌在交大人血脉中的红色基因。为追随先辈足迹、感受榜样力量、传承革命精神，从 2021 年 4 月到 7 月，西南交大重点围绕曾在学校求学、工作的 12 位榜样人物，策划推出“榜样 · 传承——交大青年说”主题宣传，用视频、漫画等形式，创新讲好新时代交大红色故事，为学校思政工作助力。系列视频被教育部发布号、教育部中国大学生在线等权威媒体转载。

表 1　系列视频内容

序号	内容标题
1	要把自己一切力量献给社会主义事业——西南交通大学 1909 级学生竺可桢
2	丹心映日月 风骨铸虹桥——西南交通大学 1916 届毕业生茅以升
3	天地能知忠烈心——西南交通大学 1921 级学生武胡景
4	西风烈烈绕战旗——西南交通大学 1921 级学生李特

续表

序号	内容标题
5	落落长才惊海宇——西南交通大学 1923 届毕业生杨潮
6	西南交通大学第一位革命烈士——西南交通大学 1926 级学生马增玉
7	西南交通大学第一位共产党员——西南交通大学 1927 届毕业生田玉珍
8	太行埋忠骨 丹心印诸华——西南交通大学 1929 级学生刘文华
9	“两弹一星”元勋——西南交通大学 1945 届毕业生姚桐斌
10	许身为国最难忘——西南交通大学 1946 届毕业生陈能宽
11	一切为了祖国 为了祖国建设——西南交通大学教授曹建猷
12	首漂长江 勇于献身——西南交通大学教工尧茂书

二、“多形式，多平台”生动讲述有声势

（一）多角度切入，学生视角深情讲述

系列短视频制作遵循“学生讲述、教师指导、权威把关、专业制作”的原则，由学生党员牵头组成团队，并在制作视频过程中充分发挥主动性。这是教育媒体实现实践育人的一次积极探索。系列视频制作团队前期深度阅读校史材料，挖掘生动故事，如茅以升老校长高龄入党、陈能宽院士隐姓埋名许身为国等，并统一由学生来讲述。讲述人是各学院遴选出的优秀学生代表，如参加过全国大学生党史知识竞赛的博士研究生刘康等。为了讲好故事，同学们组成了团队，从榜样人物的入党初心、奋斗历程、重要贡献、感人事迹、真实感悟等方面入手，展现科学大家入党的初心和使命，从青年人的角度、用青年人的语言生动讲述故事。

（二）多团队协作，媒体联盟整体发力

党委宣传部依托新媒体联盟，联合发动校内 11 家单位、100 余名师生共同参与主题宣传全过程，同时邀请社会媒体记者、校史专家担任宣传顾问。这是一次校内外联动、多团队协作的生动实践。根据榜样人物在校学习期间的学科专业，由当前学科所属学院牵头负责，如土木学院负责茅以升、材料学院负责姚桐斌等。榜样人物中有 1909 年在校学习的竺可桢，也有 1985 年牺牲的员工尧茂书，时间跨度大，为保证历史事实清楚，充分经得起推敲，每一篇脚本都经校史专家审校。大多数榜样人物事迹众多，为突出主体，保证效果，邀请中国青年报、中国交通报记者在脚本撰写、视频拍摄方面提出指导意见。

（三）多形式表达，入眼入脑务求实效

在前期综合调研和充分论证的基础上，系列宣传采用 5 分钟内短视频为主、人物漫画为辅的表现形式，从人物塑像、真实照片等实际场景切入。这是一次主题宣传的创新表达。在视频创作过程中，主创人员精心策划，充分发挥讲故事激发观众兴趣的能力，充分使用接地气的讲述语言，增强鲜活生动之感，充分打磨每个视频小标题来吸引读者，使每一个视频既能单独成篇，也有整体呼应。同时，还根据故事场景涉及的时代背景，为每一位榜样人物精心设计了易于传播的漫画形象。

三、“多维度，重融合”助力传播有深度

经过前期精心策划、通盘考虑、周密安排，“榜样 · 交大青年说”系列视频制作完成后，于“七一”前陆续推出，线上线下相结合，根据各平台特色形成宣传声势。我们在学校官方网站主页发布大图并陆续更新，在微信公众平台上开通专栏，在微博上创建“超话”，在抖音、B 站、微信视频号、QQ 空间号等平台进行视频发布，媒体矩阵齐发力，共同助推宣传效果。其中，微信点击量累计 10 万、视频号阅读量突破 100 万、微博专栏话题阅读量近 50 万，在广大师生中引起了积极反响。同时，我们将系列内容整理成合集，作为教学辅助材料进入思政课堂，依托课堂实现宣传内容的更大范围覆盖。将分集视频生成二维码，列入校史馆，使平面的人物形象更立体生动。

学校创新形式讲好党史故事也引起《光明日报》等权威媒体关注，《光明日报》以《在时空对话中汲取榜样力量》为题进行报道。下一步，西南交大将进一步精准策划、创新形式、丰富载体，发挥融媒体聚合优势，将前辈们不忘初心跟党走、牢记使命做奉献的动人故事讲述好，传唱好。

利用新媒体平台做好高校思想政治工作，需要不断丰富网络文化传播新形式，积极推进微课堂、微访谈、微直播、微问答等平台的建设，以及 VR、AR 等新技术的研究和开发工作。积极抢占抖音、B 站、今日头条、一点资讯、封面新闻、QQ 校园号等新兴宣传阵地，将校园文化的传播巧妙地嵌入这些微平台中。通过大学生喜欢的新形式将校园资讯、校内大事小情通过新技术链接师生校友。探索研究新技术和新平台的发展特点，把握先机，输送优质内容，输出创新观点。运用新媒体新技术使工作活起来，让“新技术新传播”成为高校思政工作的新趋势和新常态。

图 1 《榜样·交大青年说》相关海报、栏目宣传

图 2　相关视频内容截图

（作者：西南交通大学 朱莹燕 刘中慧）

案例 28

#学党史我打卡#
——将党史学习以大学生乐于参与的形式展开

2021 年是中国共产党成立 100 周年。中国共产党领导中国人民走过的百年历程，是光荣辉煌的一百年，也是艰苦卓绝的一百年；是奠基立业的一百年，也是开辟未来的一百年。在建党百年这个关键之年，对干部群众普及党史，加强党史教育，可以让广大党员和群众从党的百年伟大奋斗历程中汲取继续前进的智慧和力量，深入学习贯彻习近平新时代中国特色社会主义思想，巩固深化“不忘初心、牢记使命”主题教育成果，激励全党全国各族人民满怀信心迈进全面建设社会主义现代化国家新征程。

在新媒体蓬勃发展的大趋势下，作为西南交通大学党委宣传部下属的学生组织——交大新媒体中心依托新浪微博、微信公众号等新媒体平台，通过微博认证账号“西南交通大学”，微信公众号“西南交通大学”等，积极发起党史学习活动，向大学生群体进行党史教育，传播党史知识，促进党史学习在大学生群体中的普及，让大学生将党史学习好、总结好、发扬好，传承优良品质，成为新时代下的优秀社会主义接班人。

交大新媒体中心下属的微博认证账号“西南交通大学”，积极响应西南交通大学党委宣传部关于党史学习教育的号召，创建专门微博话题“学党史我打卡”，进行党史宣传和教育。

经交大新媒体中心研究，在以往微博的宣传活动中，相比于其他形式，投票形式的微博观众参与度较高，大学生群体更加乐于参与，最终话题运营以投票的形式展开。

该话题一经发布便引发了强烈的反响，每条微博的转评赞总量均破百，个别微博的转评赞总量甚至达到了 900。

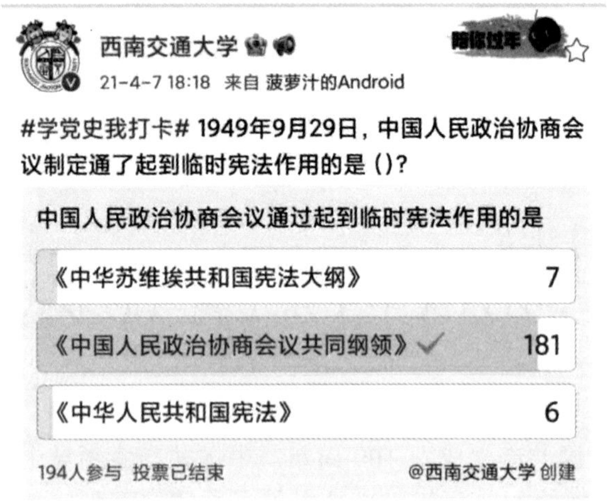

图 1 #学党史我打卡#话题初期内容

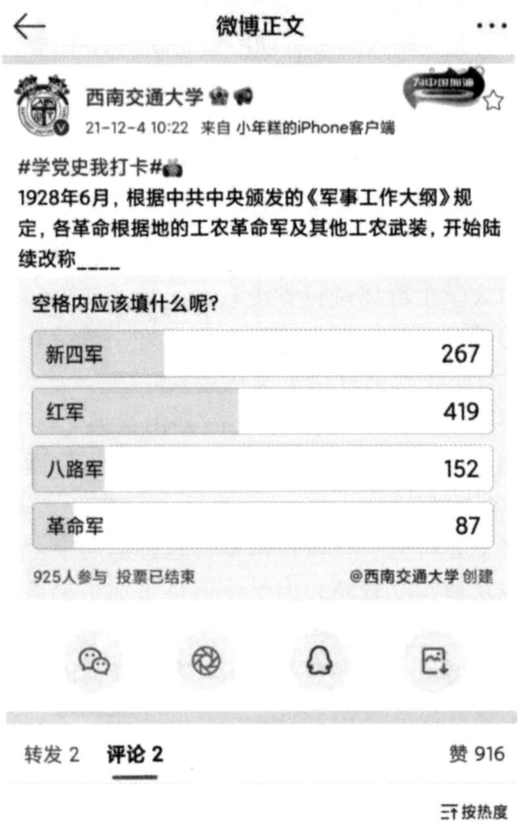

图 2 #学党史我打卡#话题反响强烈

官方微博的运营者也会及时在评论区公布答案和解释，让大家选择之后核对自己的答案，从而加深对党史知识的记忆理解。在一年多的话题运营中，很多“粉丝”也在微博评论区和后台留言表示通过问答形式学习党史受益匪浅。

经过几个月的运营，待话题成熟，交大新媒体微博团讨论对话题内容进行创新，加入了“党史上的今天”这一栏目，通过人们对“生日”的情结，让受众对党的历史产生亲切感，从而引导大学生对党的历史产生兴趣并加其对党史的深记忆。

图 3　党史上的今天

同时，考虑到账号的主要受众是大学生，西南交通大学官方微博也组织各种活动进行党史教育。例如和不同的账号联动组织“重走播迁路，组团来闯关”等党史学习活动，将党史学习以活动闯关的方式进行展现，让同学们以寓教于乐的方式学习党史。

截至 2022 年 1 月 10 日，“学党史我打卡”话题已发布 444 条原创内容，获得 818 万阅读量，成绩斐然。这次创新也为新媒体大发展的趋势下依托新媒体平台进行党史宣传教育探索了新的道路，积累了大量经验。党史教育不能集中在某一天、某一月、某一年，而应是细水长流。理应顺应时代，注重创新，才能潜移默化地让大学生们对党史更加了解并有深刻的理解。

图 4　党史学习答题闯关活动

（作者：西南交通大学新媒体中心 成禹铭）

案例 29

传递土木声音，讲好土木故事
——“西南交大土木 news 君”运营情况报告

“西南交大土木 news 君”微信公众号隶属于西南交通大学土木工程学院团委，自 2019 年 6 月开始运营以来，“西南交大土木 news 君”一直致力于传递前沿资讯，推送精美的原创内容，至今已发送千余篇优质推送，总关注人数突破 3700。发布消息通告，传递时讯热点，推送优质图文，这是我们一贯的职责；紧跟时代旋律，关注同学心声，传播先进思想，这是我们不变的宗旨。

一、学院新闻与党史——国事、党事、身边事，事事关心

“西南交大土木 news 君”始终奋战在新闻资讯的第一线，坚持正确舆论导向，唱响主旋律，传播正能量。及时掌握学院动态，精准播报，服务师生；每日倡导党史阅读，一心向党，坚定信仰。

学院新闻板块主要有沃土之木、红土天地等，对土木工程学院的迎新活动、比赛、竞赛、会议、志愿活动等进行宣传报道，以快捷、海量为原则，以“第一时间、权威发布”为要求，将采集到的信息迅速编辑发布，为同学们提供了便利。

同时，“西南交大土木 news 君”也是学院团学组织的信息发布平台，会在第一时间为同学们推送园区、科创中心等组织的相关信息，让土木学子全方位地了解学院团学组织的发展和成长。

“西南交大土木 news 君”以党史为依托，以践行初心使命为宗旨，将党史学习教育融入学生的日常思政教育中，开启“党史百年天天读”专栏，定期推送分享党史相关知识。通过历史这本最好的教科书，引导广大师生以学铭记初心，以行肩担使命，赓续共产党人精神血脉，做到以史为镜，学史明理、学史增信、学史崇德、学史力行。

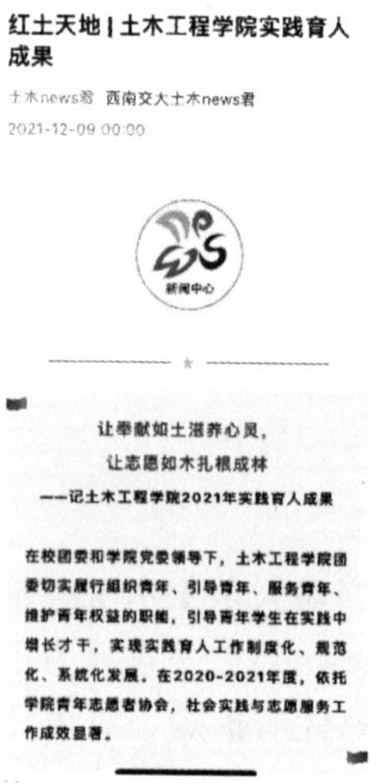

图 1　红土天地

图 2　园区推送

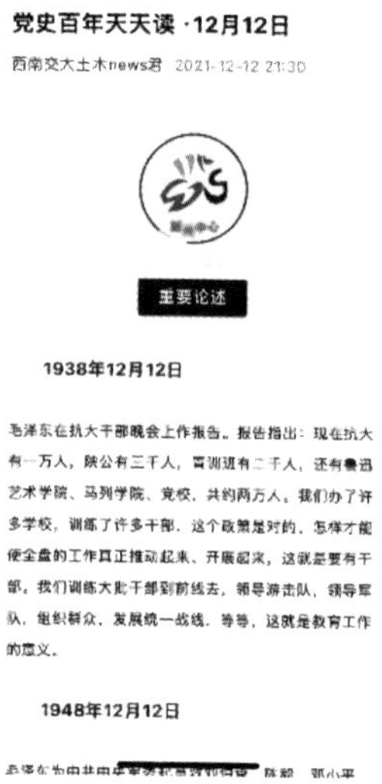

图 3　党史板块

二、乐活交大板块——美食、影音、同学声，息息相关

乐活交大板块以记录同学们日常生活为主。通过对身边生活的记录，帮助同学们学会以健康快乐的心态来面对生活中的小美好。生活中的一件小事、一顿美食佳肴、一首好听的歌曲、一部好看的电影、一些对新鲜事的看法，都会通过公众号推送的形式，分享给大家。让同学们在学习之余，收获到不一样的快乐与幸福。这便是这个板块创立的初衷。“乐活交大”板块下设“吃货手账”“垚森影音店”“节气日历”和“街访”四个小板块，让我们来看看同学们课余的精彩生活吧。

“吃货手账”，记录交大学子身边的美食，以我们的足迹，带领同学们享受不一样的“舌尖上的交大”。

“垚森影音店”，记录美好的影视音乐，以我们的视角，带领同学们欣赏不一样电影音乐艺术。

“节气日历”（现已全面完结），记录时间的流逝，以日历为线索，带领同学们感受不一样的二十四节气。

“街访”记录交大学子的发言，用我们的相机，带领同学们感受不一样的校园生活。

图 4　垚森影音店板块

三、“红小土”板块——校史、工程、好榜样，面面俱到

“红小土”板块是一个回望历史、展望未来的特殊栏目。2021 年，“红小土”推出“百年工程”“栋梁人物”“鎏金岁月”“身边的红小土”短视频讲故事栏目。

“百年工程”主要讲述从二十世纪五十年代开始，上千工业项目腾挪迁徙的故事。面对极为复杂的国内国际环境，新生的共和国需要一个符合国家安全战略的全新工业布局。几十年间，1945 个大中型工业项目，四百多万来自全国各地的建设者，如同一粒粒种子，在中国荒芜贫穷的西南西北地区扎根、发芽、开花、结果。在这四百多万种子中，有着许许多多交大人的身影。为了国家建设，他们和交大一起西迁入蜀，克服重重困难，扎根西部，开花结果。几十年的奋斗历程中，西南交大土木人不仅仅立足于西部，更参与了国家许多大型工程的建设。本版块带领学生们重温交大土木的超级工程，感受不一样的交大土木魅力。

“栋梁人物”主要讲述 122 年的办学历程中的优秀人物。122 年历史铸就了“唐山土木”严谨治学、严格要求的优良传统，更培养出著名桥梁专家茅以升、物候学家竺可桢、美国“预应力混凝土先生”林同炎以及中国科学院、中国工程院院士汪菊潜、周惠久、张维、刘恢先、严恺、林秉南、林同骅、施仲衡、王梦恕、何华武、秦顺全、任辉启、卢春房等一大批名扬海内外的学界泰斗和工程界权威。经过一代又一代土木人的不懈奋斗，土木工程学院以其卓越的成就、雄厚的实力，享誉中外。本版块旨在通过展现优秀校友的风采，着力培养担当民族复兴大任的新时代交大土木人。

“鎏金岁月”主要讲述西南交通大学土木工程专业的光辉历史。1896 年山海关北洋铁路官学堂始建，120 多年历经岁月沧桑，土木专业随着学校辗转中国，与国家共呼吸、共命运，在抗美援朝时期、在新中国建设时期、在汶川地震时期，在无数个历史重要时期都留下了光辉的印记。本版块以时间为轴线，以历史事件为线索，梳理学院发展历史与光辉事迹。

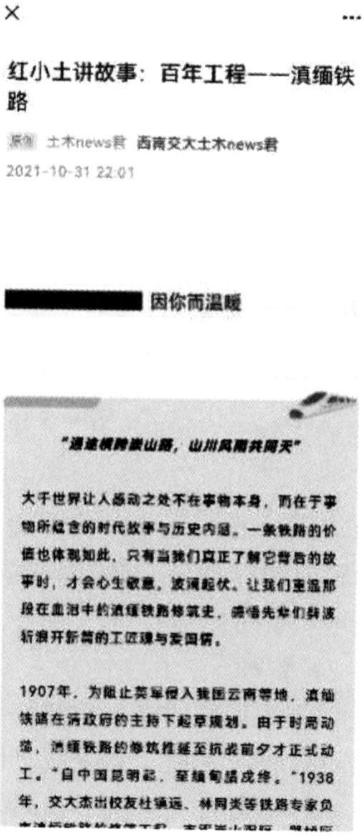

图 5　红小土讲故事推文

“身边的红小土”栏目则是对在校优秀土木学子的先进事迹进行宣传，在学生中形成一种“学先进、比先进、当先进”的热潮，同时，该栏目能够更好地向学生传播学院“红土”文化，增加同学们对学院以及学校的认同感和自豪感。

四、总结——继往、开来、砥砺行，生生不息

“西南交大土木 news 君”微信公众号，一直以来致力于带给土木学子第一手的学院资讯和精美的原创内容。自创建以来，“西南交大土木 news 君”始终积极发布消息通告、传递时讯热点、推送优质图文；紧跟时代旋律、关注同学心声、传播先进思想。在后续工作中，我们将秉持严谨求真、服务师生的工作态度，坚持以新媒体之器，载立德树人之道，通过运营微信公众号，让交大更多同学聆听土木声音，了解土木故事，传承时代精神。

（作者：西南交通大学土木新闻中心 陈梁裕 郑佩钦 赵一萌 刘皓毓）

案例 30

多维度解锁党史学习新方式

从 1921 年到 2021 年，百年之间，从建党之初 50 多名中共党员到如今拥有 9000 多万名党员的世界第一大执政党，从嘉兴南湖的小小红船到“中国号”乘风破浪的巨轮，中国共产党的百年历史，风雨兼程。

如何将“党史”教育相关内容融入思政课堂，一直是西南交通大学希望学院思政部思考的问题。今年，思政部毛泽东思想和中国特色社会主义理论体系概论课程组带领同学们开展了一次以“党史微课”为主题的实践教学活动，让同学们自己学党史、讲党史，以讲促学。在这次实践教学活动中，同学们积极查阅资料，以某一历史人物、某一历史事件为切入点，讲解了中国共产党波澜壮阔的百年发展之路，重温了党的历史。在“两个一百年”奋斗目标历史交汇的关键节点，在全党集中开展党史学习教育，正当其时。西南交大希望学院采用配音、微电影、拍微课等新颖的方式来学习党史，同时进行系列专题报道，引起校内外强烈反响。

一、多媒介运用，丰富传播形式

（一）为党史学习“发声”，引读者瞩目

开展党史学习教育以来，为了让学生近距离感受革命先烈的精神，重温红色岁月，传承红色文化，西南交通大学希望学院思政部创意运用声像媒介，发挥新媒体优势，结合新媒体特性，将思政课社会实践与党史学习相融合，开展了以“党史最强音”为主题的庆祝中国共产党建党 100 周年特色实践教学活动，组织学生选取优秀影视作品片段并为其配音。

（二）让历史照进现实，引发读者思考

党史学习教育不是简单地读几本书、看几部电影就能有效果。为了让党史学习入心入脑，真正达到学史明理、学史增信、学史崇德、学史力行，深

刻认识到红色政权来之不易、新中国来之不易、中国特色社会主义来之不易，西南交通大学希望学院思政部结合教学，认真研究组织开展了“让历史照进未来——我心中的思政课微电影”实践教学活动，此次活动采用分组教学法，按照实际情况将每个教学班级平均分成若干小组，在组长的组织下完成剧本编写、微电影拍摄、后期制作等任务。微电影以学生的视角呈现思政课的教学内容或思政课学习实况。影像一直以来是大众喜闻乐见的传播媒介，微电影的形式使得受众更易接受教学内容，从而达到传播目的。

图 1　实践教学——优秀影视作品片段学生现场配音

图 2　实践教学——学生微电影拍摄现场

二、多平台联动，强化传播效果

西南交通大学希望学院官方微信对这种党史学习新方式进行报道，浏览量迅速突破 1000；同时学校官方网站也进行了报道，浏览量超过 2000 次。本次新颖的党史学习方式随即被人民网、四川新闻网、新浪财经网、零二七艺考网等主流媒体广泛关注，其中人民网在多个平台对其进行了转载及报道。

网站首页 党网·时政 经济·科技 社会·法治 文旅·体育 健康·生活 观点 访谈 国际 军事 港澳 台湾 视频 图片 教育 房产 登录 注册

人民网 people.cn 人民网 >> 四川频道 >> 综合栏目 >> 政商动态

配音、录微课……西南交通大学希望学院党史学习教育走实走心

2021年06月09日15:33 来源：人民网-四川频道 分享到：

图 3　人民网报道

在新媒体时代下，我们不仅可以以文字的方式进行新闻报道，还可以将图片、视频等嵌入新闻内容当中，能够同时满足不同用户的不同需求，提升新闻阅读体验。想要在信息的传播中抓住观众的眼球，就必须在内容上下苦功夫，“内容为王”依然是推动媒体发展的关键，也是媒体的立身之本。在坚持内容为王的基础上，通过多媒介形式呈现、多平台联动传播的新方式，提升党史学习效果，以学促用，化昔日先辈革命精神为今日学子奋进新时代的动力！

（作者：西南交通大学希望学院 郭瑾皓 凌彬）

案例 31

捕捉+传播，即时共享感动

2021 年国庆，我们围绕校内热点庆祝活动——国旗升旗仪式与“致敬百年芳华 共度国庆金秋”缤纷嘉年华，通过线下摄影捕捉精彩细节、现场即时发布图片，与微博平台配合完成实时推送，传递了西南交通大学师生对党和祖国清澈的爱，让不在现场的交大人也能共享这一份感动，从中汲取精神力量，共同为祖国送上真挚的祝福。

图 1　国庆升旗仪式现场小朋友向国旗敬礼

由于时间和场地限制，升旗仪式和缤纷嘉年华的现场可容纳的参与人数有限，但值此举国同庆的时刻，这一份祝愿和喜悦可以借助新媒体分享传递给更多人。在升旗仪式现场，多位摄影师实时拍摄现场情况，多角度捕捉国旗班集合、国旗伴随国歌升起、升旗现场观众深情望向国旗等动人时刻，并现场传送和实时发布图片，高效传递现场情况。在拍摄过程中，我们拍到了一位老师带着他的孩子对国旗和国旗班的同学们敬礼的场景。父亲慈爱的眼神、孩子敬礼时可爱又坚定的样子以及红旗和橄榄绿在色彩上的呼应，构成了一幅和谐的画面。家国情怀，这种在中国人身上血脉相传的朴素情感在图片中得到了淋漓尽致的展现。我们通过图片的形式，在有限的条件下，分享无限的感动，让天南海北的交大人能够共享这份作为中国人的骄傲与自豪。

升旗仪式的即时图片发布，使更多人身临其境共振奋，这是自上而下的情感共鸣，而缤纷嘉年华的即时图片发布，使交大师生同聚一堂共欢庆，则是自下而上的情感流露。在缤纷嘉年华中，我们通过摄影捕捉记录了现场师生其乐融融的场景和参与活动的一张张笑脸，现场传送与微博实时推送图片相互配合，在传递缤纷嘉年华的热闹欢腾、展现师生热情高涨的同时，也将此活动再次在线上进行传播，为缤纷嘉年华活动做宣传，吸引更多师生关注和参与，把这一份欢笑传递给更多人。

建党百年和欢度国庆之际，我们通过摄影的方式，将现场即时传送图片与微博实时发布图片相结合，用图片记录真实与感动，通过互联网的便捷和微博互动来传递这一份感动。人们不论身在何处，都能通过一张张图片共享动人时刻，共感这一份喜悦与自豪，共表对党和祖国的爱与祝愿！

图 2　国庆升旗仪式微博

图 3　缤纷嘉年华微博

（作者：西南交通大学新媒体中心 高胜男 孙耀坤）

案例 32

四川工业科技学院：相约“云端”重走长征路

为深入推进党史学习教育，号召广大师生最大限度参与到学习党史活动中来，四川工业科技学院高度重视、精心组织，创新学习形式、丰富学习内容，搭建了微信小程序“四川工业科技学院重走长征路”，利用新媒体优势，将党史学习教育融入网络育人全过程，传承红色文化，发扬红色传统，赓续红色基因，在学校掀起了“党史学习+运动”的热潮，于实践活动中深化党史学习成果，强化师生理想信念。

一、活动背景

长征的伟大胜利是中国革命的历史性转折，红军长征铸就了伟大的长征精神。长征精神是中国共产党人及其领导的人民军队革命风范的生动反映，是中华民族自强不息的民族品格的集中展示，是以爱国主义为核心的民族精神的最高体现。四川工业科技学院“云端重走长征路”活动突出实践引领，让学史明理、学史增信、学史崇德、学史力行落实落地。师生通过“云端”重走长征路，在感悟长征精神的同时，更明白了走好新时代长征路，为实现中华民族伟大复兴而奋斗的伟大意义。

线上重走长征路小程序，设置了“瑞金（起点）”“湘江战役”“通道会议”“黎平会议”“强渡乌江天险”“遵义会议”等长征路线中36个具有革命意义的事件与地点，采用线下健步走、线上换里程的模式在“云端”“重走长征路”，力争全校师生在“七一”前完成二万五千里长征路，最终完成会师任务。

此活动最大的特点是可以通过每天行走的步数兑换长征路上的里程，每经过一个红军长征的标志性地点，可当即学习相关党史知识，让每一位师生足不出户了解长征的历史背景、基本路线、重要会议等。同时，“云端”重走长征路也是四川工业科技学院党史学习教育的主要内容之一，旨在通过线上“云长征”将党史学习教育、人文知识学习、健身融为一体，激励引导全校师生学史明理、学史增信、学史崇德、学史力行，推动党史学习教育在全校“火起来”“实起来”。

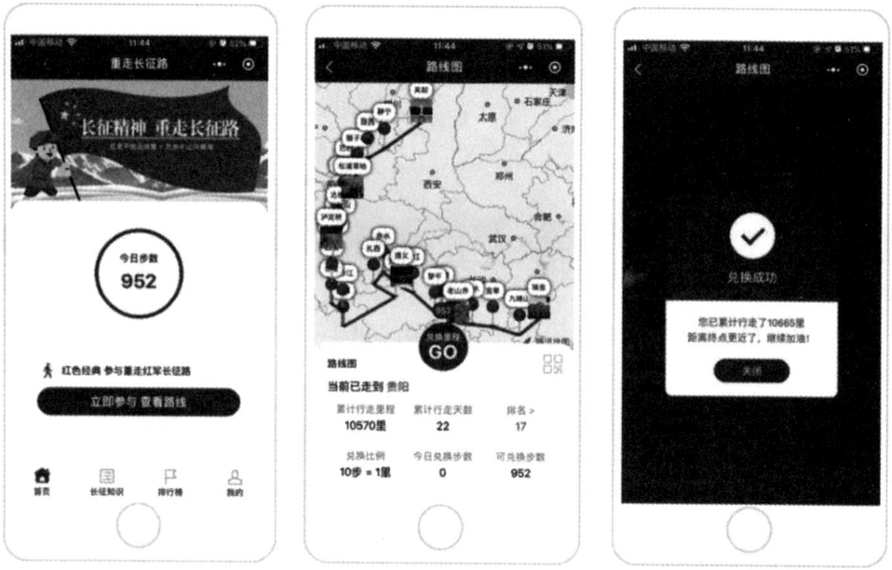

图 1　活动内页详情

二、主要特点

（一）多元融合传播，形成情感共鸣

通过校园新媒体矩阵，发挥各平台特点及优势，搭建微信小程序，通过文字、图片、视频等形式进行立体化传播，使学校师生能够学习、体验长征精神，形成情感共鸣。

（二）凝聚发展合力，凸显党建引领

“重走长征路”活动是四川工业科技学院把开展党史学习教育同践行初心使命、唱响时代之音、深化学校改革、学生行为养成结合起来的一大亮点，体现了四川工业科技学院坚持高标准高质量开展党史学习教育。

（三）丰富校园内涵，打造特色品牌

四川工业科技学院高度重视意识形态工作，积极加强网络阵地建设和管

理。“重走长征路”活动是四川工业科技学院深入推进党史学习教育、持续推进网络育人创新的一个缩影。

三、活动效果

2021 年 4 月 20 日学校党委发布《关于开展线上“重走长征路”活动的通知》，4 月 24 日四川工业科技学院官方微信公众号发布《一起出发吧丨相约“云端”重走长征路》这一文章后，全校师生积极参与活动，截至 7 月 1 日共计一万五千余名师生通过线下健步走、线上换里程的云模式参与“重走长征路”，超过 7000 人按时走完了二万五千里长征路，完成会师任务。此次活动获评四川省 2021 年度十佳教育新媒体案例，被国家、省市多家主流媒体报道，在校内外引起了强烈反响。

“同学，你今天兑换步数了吗？”“老师，今天你走到哪里了呀？”“我已经坚持 5 天了，走了 6000 里”，像这样的对话成了活动期间最“时髦”的话题。师生们一致认为，本次“四川工业科技学院重走长征路”活动是学校庆祝中国共产党成立 100 周年系列活动中的创新之举，让大家边走路边学习，既锻炼了身体又学习了党史，增强了听党话、跟党走的信心和决心。

四川省 2021 年度十佳教育新媒体案例获奖名单

（高校类）

报送单位	教育新媒体案例
四川工业科技学院	四川工业科技学院：相约“云端”重走长征路

图 2　获得荣誉“四川省 2021 年度十佳教育新媒体案例”

中共四川省委教育工作委员会
四川省教育厅

[首页] >> 新闻动态 >> 战线动态 >> 高等学校动态

四川工业科技学院：相约“云端”重走长征路

[四川省教育厅] 发布时间：2021-04-29 08:49 来源:四川工业科技学院 分享：

为深入推进党史学习教育，号召广大师生最大限度参与到学习党史活动中来，四川工业科技学院搭建了微信小程序“四川工业科技学院重走长征路”，利用新媒体优势，将党史教育融入网络育人全过程，传承红色文化，发扬红色传统，赓续红色基因。

本次活动采用健步走、线上换里程的云模式“重走长征路”，力争让每一个活动参与者在“七一”之前走完25000里长征路，最终完成会师任务。此活动最大的优势可以通过每天行走的步数兑换长征路上的里程，每经过一个红军长征的标志性地点，可当即学习相关党史知识，让每一位师生足不出户了解长征的历史背景、基本路线、重要会议等。师生们一致认为，本次“四川工业科技学院重走长征路”活动是学校庆祝中国共产党成立100周年系列活动中的创新之举，让大家能边走路边学习，既锻炼了身体又学习了党史，增强了听党话、跟党走的信心和决心。

本次活动是四川工业科技学院深入推进党史学习教育、持续推进网络育人创新的一个缩影。学校把开展党史学习教育同践行初心使命、唱响时代之音、深化学校改革、学生行为养成结合起来，坚持高标准高质量开展党史学习教育。

德阳市教育局
德阳教育网
jyj.deyang.gov.cn

当前位置：首页 >> 新闻中心 >> 学校动态 >> 正文

四川工业科技学院：相约“云端”重走长征路

发布时间：2021-04-27 来源：市教育局 浏览次数：53 打印

为深入推进党史学习教育，号召广大师生最大限度参与到学习党史活动中来，四川工业科技学院搭建了微信小程序“四川工业科技学院重走长征路”，利用新媒体优势，将党史教育融入网络育人全过程，传承红色文化，发扬红色传统，赓续红色基因。

本次活动采用健步走、线上换里程的云模式“重走长征路”，力争让每一个活动参与者在“七一”之前走完25000里长征路，最终完成会师任务。此活动最大的优势可以通过每天行走的步数兑换长征路上的里程，每经过一个红军长征的标志性地点，可当即学习相关党史知识，让每一位师生足不出户了解长征的历史背景、基本路线、重要会议等。师生们一致认为，本次“四川工业科技学院重走长征路”活动是学校庆祝中国共产党成立100周年系列活动中的创新之举，让大家能边走路边学习，既锻炼了身体又学习了党史，增强了听党话、跟党走的信心和决心。

本次活动是四川工业科技学院深入推进党史学习教育、持续推进网络育人创新的一个缩影。学校把开展党史学习教育同践行初心使命、唱响时代之音、深化学校改革、学生行为养成结合起来，坚持高标准高质量开展党史学习教育。

责任编辑：四川工业科技学院

图 3　部分媒体报道

（作者：四川工业科技学院 党委宣传部）

案例 33

四川省教育厅：创新讲好党史故事 凝聚奋进精神力量

一、总体概况

四川省教育厅政务新媒体“四川教育发布”在党史学习教育宣传中，围绕庆祝中国共产党成立 100 周年这一主题，充分发挥各平台属性和优势，创新传播手段，构建了“融媒体策划、全平台跟进”的宣传矩阵，推出了“红领巾学党史 蜀少年树初心”网上主题队课学习活动、“青春向党 时代向上”线上拉歌主题活动、“学四史 育新人”知识竞答、“我对党有话说”故事征集等系列活动，实现了党史学习教育的内容从可读到可视、可互动，从一维到多维的升级，既做到了“横到边、纵到底”，又做到了特色凸显、亮点频频，在全省教育系统、广大师生心中掀起了党史学习教育的思想高潮，达到了传播效果的最大化和最优化。

二、主要做法

（一）20 集短视频的网上队课，铭记红色经典

为引领广大青少年深刻感悟百年大党的责任与担当，进一步增强中小学生爱党、爱国、爱社会主义的情感，培养社会主义核心价值观，根据全省党史学习教育动员大会的要求，“四川教育发布”政务新媒体团队参与策划、制作了“红领巾学党史 蜀少年树初心”20 集系列短视频，面向全省中小学生开展党史学习教育主题网上队课活动。短视频分为“革命、建设、改革、复兴”四大篇章，含有人们耳熟能详的四川人物、四川故事和四川元素，追忆革命先烈、寻访红色阵地、讲述奋进故事，于 2021 年 3 月至 7 月每周一上午通过“四川教育发布”微信、微博、网站、短视频平台全网同步发布，同时组织各市州教育局新媒体平台积极转发扩散。

（二）100 所高校线上拉歌，传唱时代精神

“四川教育发布”政务新媒体平台于 2021 年 4 月至 7 月在全省高校开展“青春向党 时代向上”网络主题拉歌接力活动，活动采取牵头学校@接力学校参与挑战的方式，在“四川教育发布”政务微信平台、微博平台、短视频平台进行了全网推送。在微信平台上，每天发布 1 所高校拉歌视频形成接力；在微博平台上，建立“青春向党 时代向上”话题，每日更新高校师生拉歌原创视频，并形成话题互动；在短视频平台，通过精彩片段展示高校知史爱党、知史爱国的热情。“青春向党 时代向上”网络主题拉歌接力活动共有西南交通大学、电子科技大学、西南民族大学、成都信息工程大学、西南石油大学、雅安职业技术学院等 100 余所在川高校参与，歌声传递到省内 19 个市州。

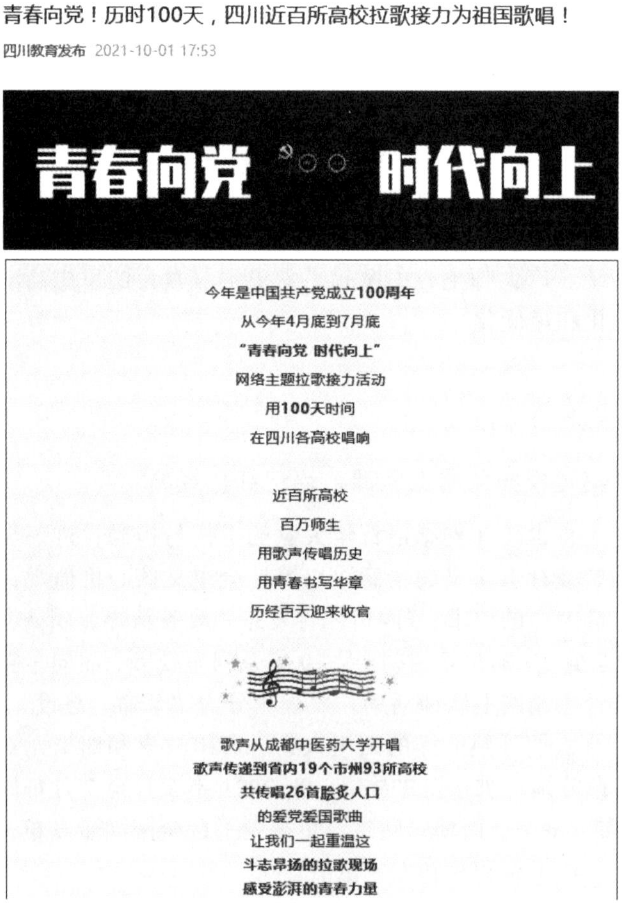
青春向党！历时100天，四川近百所高校拉歌接力为祖国歌唱！

四川教育发布 2021-10-01 17:53

青春向党 时代向上

今年是中国共产党成立100周年
从今年4月底到7月底
“青春向党 时代向上”
网络主题拉歌接力活动
用100天时间
在四川各高校唱响

近百所高校
百万师生
用歌声传唱历史
用青春书写华章
历经百天迎来收官

歌声从成都中医药大学开唱
歌声传递到省内19个市州93所高校
共传唱26首脍炙人口
的爱党爱国歌曲
让我们一起重温这
斗志昂扬的拉歌现场
感受澎湃的青春力量

图 1　相关微信推文截图

今天，也是祖国的生日
祝愿伟大祖国生日快乐

点击歌曲链接看原文~
（排序按拉歌接力顺序）

发布学校	发布歌曲
成都中医药大学	《我爱你中国》
成都理工大学	《新征程》
四川警察学院	《没有共产党就没有新中国》
宜宾学院	《我们走在大路上》
四川文理学院	《走向复兴》
川南幼儿师范高等专科学校	《再唱山歌给党听》
四川现代职业学院	《走向复兴》
巴中职业技术学院	《没有共产党就没有新中国》
电子科技大学	《我爱你中国》 《我们走在大路上》
成都信息工程大学	《唱支山歌给党听》
成都大学	《唱支山歌给党听》
电子科技大学成都学院	《唱支山歌给党听》
西南财经大学天府学院	《走向复兴》
成都职业技术学院	《在灿烂阳光下》《少年》
四川卫生康复职业学院	《没有共产党就没有新中国》
四川电力职业技术学院	《把一切献给党》
四川工程职业技术学院	《到人民中去》
四川托普信息技术职业学院	《不忘初心》
广安职业技术学院	《唱支山歌给党听》
西南交通大学	《我的祖国》
西华大学	《唱支山歌给党听》
四川师范大学	《我爱你中国》
绵阳师范学院	《唱支山歌给党听》
西南交通大学希望学院	《我和我的祖国》
四川文艺术学院	《在灿烂阳光下》
雅安职业技术学院	《灯火里的中国》
成都农业科技职院	《唱支山歌给党听》
四川护理职业学院	《唱支山歌给党听》

图 2　相关微信推文截图

（三）300 秒“学四史”知识竞答，汲取奋进力量

“学四史·育新人”知识竞答活动以“四川教育发布”微信公众号等为载体，竞答分为高校组（在川本科、高职高专院校）、省属中职学校组（省属中职学校）、市州组（市县教育部门、各级各类学校），于 5 月 27 日上线，6 月 5 日结束。每次共 10 题，限时 300 秒，每天答题不限次数，旨在引导广大学生自觉加强对党的理论知识的学习，引导广大学生爱党爱国，营造了感恩、励志、诚信、担当的良好氛围。为调动学生参与云答题活动的积极性与主动性，竞答活动还采用了积分累计排名机制和红包奖励机制。

图 3　知识竞答活动相关截图

（四）万人参与“我对党有话说”话题，表达爱党爱国情

结合微博平台开放度高、互动性强、讨论数多、参与度高的特点，“四川教育发布”从 2021 年 4 月至 7 月在微博平台开设了“我对党有话说”话题，面向广大网友征集个人亲历的、最自豪、最幸福、最值得向党汇报的一件事、最想对党说的话或对党的祝福。话题还组织了全省高校官微、各市州教育部门微博、高校微博协会等进行参与互动。

三、传播效果

“红领巾学党史 蜀少年树初心”网上主题队课视频观看人次超过 441.6 万。“青春向党 时代向上”线上拉歌主题活动得到了“学习强国”“澎湃新闻”“川观新闻”等平台的转发扩散，线上收获超 1000 万点击量。“学四史 育新人”知识竞答活动吸引了全省大中小学生和教育系统工作者共近 40 万多人参与，7000 多位师生通过自己的努力获得了“满分奖励红包”。“我对党有话说”话题征集系列活动共收获 1700 万阅读量，6 万多次转、评、赞，产生 9541 条原创微博。

（作者：四川省教育融媒体中心 关心 黄国兵）

案例 34

线上学习不“停更”
——科贸青年的党史学习教育“听得见、看得到、触得深”

百年征程波澜壮阔，百年初心历久弥坚。中国共产党带领中华民族实现了从站起来、富起来到强起来的伟大飞跃。躬逢百年华诞，如何深入贯彻落实党史学习教育？如何唱响红色激扬旋律？如何在大学生群体中引起党史情感共鸣，使党史真正入耳入心？德阳科贸职业学院的答案之一是：以网络平台为载体，借助多媒体传播优势，用喜闻乐见的方式将广大青年学子带入党的奋斗历程。引领他们在百年辉煌里牢记“为了谁、依靠谁、我是谁”，乘风踏浪，矢志奋斗，将每一个“自己的梦”汇聚成“中国梦”。

一、电台读党史，声声忆初心

党史百年，有浩如烟海的历史瞬间，有多如繁星的可贵故事。德阳科贸职业学院采取微信公众号主发，新浪微博、今日头条号分发的方式，于 2021 年 4 月 22 日于多平台推出“科贸青年读党史”系列文章预告，“以铿锵之音吟咏红色凯歌，用如磐初心凝聚奋斗伟力”，邀请全校各部门、二级学院（部）师生，参与党史诵读活动。

活动推出后，广大在校师生踊跃报名参加，微信公众号平台累计发布音图文章 20 期，库存稿件 24 期，内容包括新民主主义革命时期、社会主义探索时期、中国特色社会主义新时代的重要党史事件，老党员干部的革命精神和革命信仰，党史学习重要理论文章等，比如《毛泽东点评梁山好汉：“不当李逵式官长”》《那年的五四，那年的青年》《马克思主义中国化的三个场景》《徐特立入党：一本没有字的教科书》等。

活动由学校党政办公室给定稿件，提供录音场地，在校师生自愿报名录制，新媒体中心整理音频、图片、文稿素材，编辑版式，党委宣传部根据校园新媒体宣发规定严格落实稿件三审制度。活动参与方式便捷，师生热情高涨，加之网络传播不受时空限制，速度快、范围广的独特优势，仅微信公众号平台就将党史教育文章送达师生家长群体 206 492 人次。

表 1　德阳科贸职业学院党史学习线上推文相关数据统计表

序号	党史学习线上推文标题	日期	送达人数
1	建党 100 周年 | 党史上的这些“第一次”，你知道吗?	2021-03-15	8190
2	党史学习教育：为什么学、怎么学、学什么	2021-04-16	10 162
3	党史百年天天读·4 月 19 日	2021-04-19	10 165
4	科贸青年读党史——毛泽东点评梁山好汉“不当李逵式官长”	2021-04-22	10 182
5	科贸青年读党史——党史上事关生死的三次“重要对谈”	2021-04-28	10 208
6	科贸青年读党史——那年的五四，那时的青年	2021-05-04	10 264
7	科贸青年读党史——马克思主义中国化的三个场景	2021-05-14	10 332
8	科贸青年读党史——收条与回信，军民鱼水情	2021-05-21	10 373
9	学百年光辉党史，做时代向上青年!	2021-05-24	10 389
10	科贸青年读党史——徐特立入党：一本没有字的教科书	2021-05-28	10 405
11	“五老”讲党史 传承红色情 | 叶文志：将改革进行到底	2021-06-03	10 442
12	科贸青年读党史——毛岸英：用生命守护信仰	2021-06-04	10 445
13	科贸青年读党史——黄继光：舍身堵枪眼的钢铁战士	2021-06-12	10 499
14	科贸青年读党史——甘祖昌、龚全珍夫妇：并蒂莲花初心红	2021-06-18	10 516
15	科贸青年读党史——孔繁森：一腔热血洒高原	2021-06-25	10 621
16	科贸青年读党史——张富清：深藏功名 初心不改	2021-07-27	11 674
17	科贸青年读党史——这六件“小事”，是红军的“大事”	2021-09-03	13 500
18	科贸青年读党史——长征途中，陈云为何悄然“消失”?	2021-09-17	13 956
19	科贸青年读党史——浸泡后的信纸背面记录了一段鲜为人知的故事	2021-10-24	14 169

图 1　德阳科贸职业学院学子诵读党史

二、线上学四史，文化育新人

不忘初心，方得始终。党的十八大以来，以习近平同志为核心的党中央高度重视学习党史、新中国史、改革开放史、社会主义发展史，习近平总书记为此曾多次发表重要论述，为我们指明了学习方向。德阳科贸职业学院依托网络资源，面向全校师生举办党史知识学习竞赛活动，教育引领科贸师生全面了解党的历史、掌握党的知识，切实增强党的意识和党员意识，为培养担当民族复兴大任的时代新人提供坚强保证。

表 2　德阳科贸职业学院"学四史・育新人"知识线上竞答参赛队伍统计表

序号	学院团队名称	教师人数	学生人数
1	智能工程学院队	8	228
2	信息工程学院队	13	547
3	经济贸易学院队	9	415
4	教育学院队	18	868
5	应急管理学院队	20	601
6	医学健康学院队	13	437
7	体育部队	5	106
8	中职部队	15	540
9	思政—教工队	78	0

活动中，各学院（部）以团体赛形式组团，其余教职工由思政部牵头，结合通识教育部、行政部门、后勤服务中心联合组成教工团队参赛。2021 年 5 月 24 日至 6 月 1 日，各学院（部）、部门按照组织要求在网络上登记报名，

填写好个人基本信息后开始扫码学习，题库共计150题；6月2日至3日，每位参赛队员在答题系统中随机分配30题进行竞答。6月4日至5日，竞赛以团体人员的登记报名率、答题准确率作为评选依据，按得分排名分配团体奖项。6月6日，设德阳科贸职业学院中国共产党党史知识学习竞赛“一等奖”“二等奖”“三等奖”三项奖项；6月9日，获奖团队在学校庆祝建党百年主题晚会上接受表彰。

表3　德阳科贸职业学院党史知识学习竞赛数据表

序号	学院团队名称	教师人数	学生人数	师生合计	参与人数	参与率（名次）	总得分	答题率（名次）
1	应急管理学院队	20	601	621	560	90.2%-①	6882	36.9%-①
2	经济贸易学院队	9	415	424	382	90.1%-②	3768	29.6%-②
3	思政一教工队	78	0	78	41	52.3%-③	605	25.9%-③
4	教育学院队	18	868	886	440	49.7%-④	6426	24.2%-④
5	智能工程学院队	8	228	236	88	37.3%-⑤	907	12.8%-⑤
6	体育部队	5	106	111	17	15.3%-⑥	186	5.6%-⑦
7	中职部队	15	540	555	80	14.4%-⑦	1007	6%-⑥
8	信息工程学院队	13	547	560	25	4.5%-⑧	366	2%-⑨
9	医学健康学院队	13	437	450	19	4.2%-⑨	283	2.1%-⑧

学习百年党史，弘扬红色精神。此次党史知识竞赛有9支参赛队伍，共1652人参赛。广大师生通过线上知识竞赛的方式回顾党的百年征程，既增长了大家的党史知识，又激励了大家在前行的道路上不忘初心，砥砺前行。

图2　获奖团队在学校庆祝建党百年主题晚会上接受表彰

三、重温长征路，网赛赢殊荣

“伟大长征精神，是中国共产党人及其领导的人民军队革命风范的生动反映，是中华民族自强不息的民族品格的集中展示，是以爱国主义为核心的民族精神的最高体现。”2020 年 9 月，教育部决定在“四史”学习教育的基础上，面向高校师生组织开展“网上重走长征路”暨推动“四史”学习教育工作。德阳科贸职业学院及时部署，迅速反应，组建由教师学生共同参与的 6 支队伍，共计 30 名师生，参加中国大学生在线主办的“重走长征路”党史知识竞赛活动，均获得优秀证书。

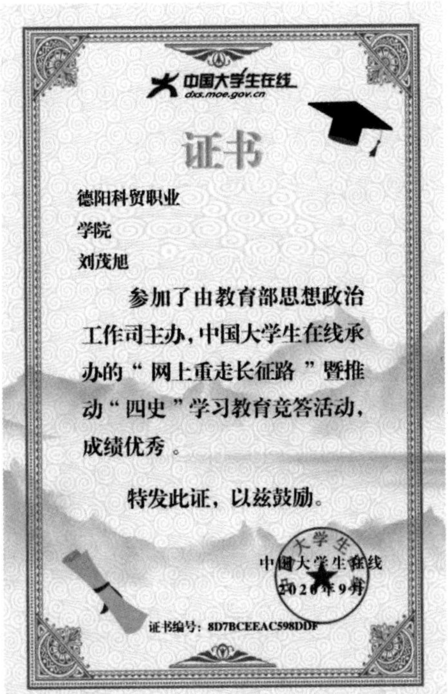

图 3　科贸学子获得“‘网上重走长征路’暨推动‘四史’学习教育竞答活动”荣誉证书

赛事筹备由学校思政部牵头，党政办公室配合协调，召集学生建立科贸“网上重走长征路”学习“四史”QQ 群，专职思政教师结合毛泽东思想的形成、新民主主义革命理论的形成、社会主义改造和改革开放的历程，有机融入红船精神、长征精神、延安精神、西柏坡精神、“两弹一星”精神等红色文化，点对线宣讲党的建立、党的奋斗、党的建设、党的发展等党史知识。教育引领科贸学子在学习“四史”的过程中，坚定共产主义信仰，坚持走中国特色社会主义道路，学习劳模精神，弘扬工匠精神，培育劳动精神，增强励精图治、奋发图强的历史使命感和责任感，争做新时代高素质职业技术人才。

德阳科贸职业学院除了上述活动外，还围绕“学习百年党史，庆祝盛世华诞”年度主题，线上与线下同频共振，围绕党建主题晚会、中国农村改革的先行者之一的叶文志老书记党史教育专题辅导、党委副书记李北东教授出席长征文化论坛暨首届泸定桥学术峰会等重要题材进行报道，拍摄了“致敬百年华诞”系列短视频。

科贸学院线上党史学习案例主要体现了新媒体发展的以下特点：

明确宣传目标，制定线上线下高频互动方案。从书籍到报刊，从报刊到电脑端，从电脑端到移动端，大家现在的阅读模式和以往的静态沉浸式阅读模式完全不同，线上线下同频共振、高度交互的宣传模式成了新一代年轻人的“心头好”。通过公众号，我们打造了一个师生共同参与，线上线下高度契合的红色经典阅读栏目——《科贸青年读党史》。

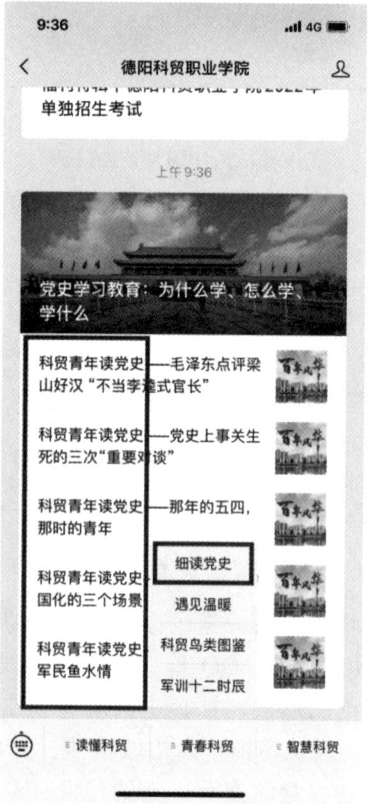

图4　相关微信推文截图

图 5　相关微信配图

设置统一栏目，打造系列红色经典推文。在图文栏目规划上，我们统一栏目设置，整合资源，设置“细读党史”版块，使读者可以详细查看往期内容，在科贸青年心中有针对性、有目的、有特色地播撒了知党爱党的种子。

制定活动前中后宣传方案，扩大宣传势头。对党建主题晚会、“重走长征路”“四史”学习、党史知识竞答等活动，制定了前期、中期、后期三个阶段的宣传方案，前期的活动预热、中期的精彩瞬间、后期的效果反馈都得到了很好的宣传，让线下活动进一步被大家熟知和认可。

党史，一部中国共产党百年奋斗史，一部新中国成长史，一部中华民族从弱到强的辉煌历史。正逢百年华诞，德阳科贸职业学院以网络平台为载体，借助多媒体传播优势，用文字、图片、音频、视频等多种形式吸引师生目光，教育引领科贸人喜闻乐见学党史、悟思想、办实事、开新局，将自己的人生经历汇入中国共产党奋斗历史的洪流中，以小我之力推进党的事业，以小我之光增添党的光辉，谱写出属于新时代科贸人的责任与担当。

（作者：德阳科贸职业学院 刘俊豪 罗琴）

案例 35

发挥高校官媒引领作用 奏响建党百年主旋律
——西南交大官微创新线上宣传模式

随着新时代网络媒介的蓬勃发展，新媒体已逐渐成为现代信息传播的主要方式。与此同时，高校媒体作为高校思想引领和时代新人培养的主要阵地，在弘扬主旋律的进程中发挥着巨大的作用。在中国共产党百年华诞之际，高校该如何运用新媒体平台奏响建党百年主旋律成为重要课题。西南交通大学新媒体中心将“用户思维”置于首位，在议程设置上下真功夫，打造系列“微话题”，创新形式，寓教于乐。把握媒体传播特点，掌握一手资讯，利用新媒体平台发布校园新闻，全面展现新时代交大人精神风貌。积极配合校内外组织社团，线下线上双重联动，促进高校思政活动落地生花。西南交通大学立足高校实际，深耕网络平台，创作出一大批内容精良的新媒体作品，取得了良好的传播效果，现将宣传运营经验总结如下。

一、创新新闻发布形式，新闻变“新”闻

西南交通大学新媒体中心利用新媒体平台重塑新闻发布形式，让新闻更“新”。在中国共产党百年华诞之际，西南交通大学各机关部门、学院都投身于唱响主旋律这一时代课题，各类党建活动在师生间蓬勃开展，如何由内而外地创新宣传方式，让传统新闻脱颖而出成为新媒体工作者的重要课题。

新媒体时代的新闻“新”在时效。西南交通大学新媒体中心深入活动现场，利用新浪微博平台开展全流程直播，掌握一手新闻资讯。相比传统新闻发布所需的采访、写作、编辑、校对等复杂流程，网络直播更有利于增强传播时效性，扩大信息覆盖面，增强新闻影响。

新媒体时代的新闻“新”在形式，相比于西南交大报、西南交通大学新闻网、各级机关网站、学院新闻网等传统的新闻发布平台，西南交通大学新媒体中心利用新浪微博这一媒介平台，使用头条文章这一信息发布功能，及

时编辑发布校园新闻。除此之外，西南交通大学新媒体中心采用“微直播”“微博云剪”等新型信息传播形式，图文并茂，内容翔实，取得了良好的传播效果。

新媒体时代的新闻新在体验。西南交通大学官方微博深挖平台功能，利用“微博投票”“微博故事”等功能吸引用户参与，增强新闻辐射面，让新闻“活”起来。基于微博平台丰富的宣传形式、高效率的传播功能和庞大的用户体量，将新闻影响最大化，使党建活动报道覆盖全校师生。相比于传统新闻报纸和新闻网站，使用微博平台发布的新闻浏览量可达传统新闻网站的数倍以上。

图 1　学党史守初心系列活动新闻发布

图 2　“学党史，感恩党，跟党走”西南交通大学 2021 届省级优秀毕业生事迹报告会

二、“微话题”促学习，“微互动”共进步

新媒体时代的传播有不同于以往的规律，西南交通大学新媒体中心将微博的教育功能最大化，开创新的学习方式，打造“微平台”，变单向灌输为主动吸引。在建党一百周年之际，各类党史学习系列讲座竞赛蓬勃开展。西南交通大学新媒体中心则另辟蹊径，利用微博平台的投票功能创新党史学习形式，打造“学党史我打卡”“小微学思政”原创话题。两个话题均以投票形式展开运营，相比于科普类文章，投票形式有明显的优势。首先，微博投票形式简单，基础功能分为文字单选和图文单选，两种形式均可避免大段密集文字输出，贴合用户的阅读习惯。其次，投票的参与门槛较低，利于打造“用户友好型”学习平台，投票形式对微博用户的知识水平和操作能力要求不高，再加上风格清新活泼的引导互动文案，投票学习相比传统文章更注重用户体验，引导用户参与。在内容方面，“学党史我打卡”聚焦大学生党史学习，致力于提高大学生思想觉悟，献礼党的百岁诞辰；而“小微学思政”是以党史教育为基础，结合高等教育思政类课程题目机动发布，在落实党史教育的同时又可以帮助思政课课程知识点的复习，立足高校实际，回应学生需求。截至 2022 年上半年，“学党史我打卡”话题总讨论数近 500 次，阅读量近 970 万；“小微学思政”话题讨论数近 200 次，总阅读量 200 万以上。

图 3　“学党史我打卡”“小微学思政”原创话题数据总览

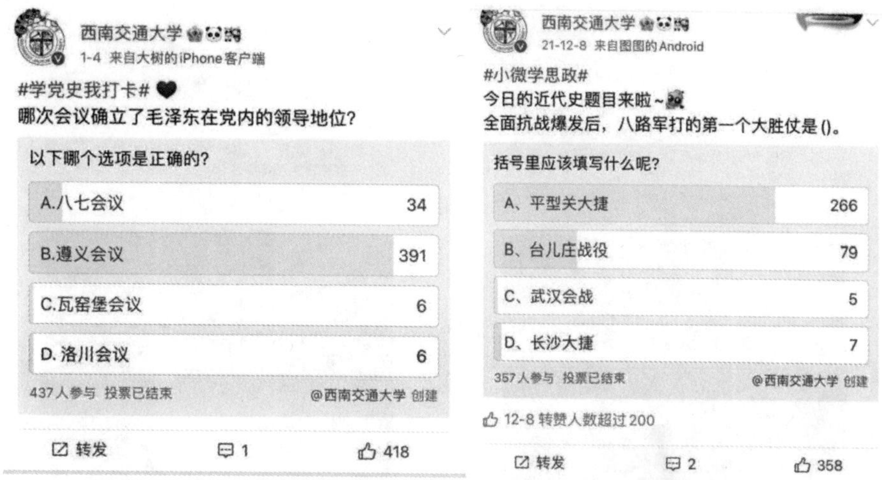

图 4 “学党史我打卡”“小微学思政”发布内容示例

三、聚力双线开发，党建活动落地开花

中国共产党成立一百周年之际，西南交通大学各学生组织、社团都开展了丰富多样的系列活动，如“交大学子接力跑步 100 公里献礼建党百年”“不忘初心跟党走”西南交通大学全校师生大合唱、西南交通大学大学生艺术团话剧展演《永不消逝的电波》等。西南交通大学官方微博与各级组织社团积极联动，打造辐射全校师生的媒体平台，让更多交大人的面孔出现在西南交通大学官方微博上，增加校园活动曝光率和宣传力度。同时，让高校活动“出圈”，走出交大，让更多人看到新时代交大人的精神风貌。

党的百年华诞之际，西南交通大学新媒体中心在用好新媒体、传播正能量这一重要任务上交上了一份令人满意的答卷。西南交通大学官方微博重塑新闻发布形式，力图实现校园新闻影响力最大化，打造“微学习”平台，提升学生参与度，增强用户获得感；线上线下共同凝心聚力，交融互合。

除了深耕本校微博平台，西南交通大学新媒体中心积极拓宽视野，在五四青年节、南京大屠杀死难者国家公祭日等重要时间节点，联合共青团中央进行思政类漫画创作，形成合力，创作出一大批内容精良的新媒体作品。西南交通大学发挥现代新媒体技术的传播优势，提高学生思政水平，进而营造风清气正的校园文化及网络文化环境。新时代的交大人也将用好新时代的新媒体平台，将正能量传播得更远。

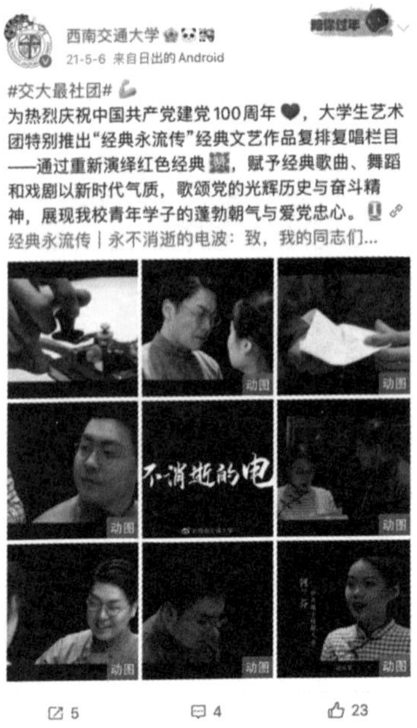

图 5　西南交通大学大学生艺术团微笑话剧团经典作品复排宣传

图 6　西南交通大学百公里接力活动宣传

（作者：西南交通大学新媒体中心　李佳文）

案例 36

平台功能赋能高校建党百年宣传
——微信公众号订阅功能实践

2021 年是中国共产党成立 100 周年，为发挥高校新媒体平台宣传职能，烘托爱党爱国热烈氛围，庆贺这一重大的历史时刻，西南交通大学官方微信公众号设置了“学党史我打卡”“传承红色基因”“榜样 传承”三个订阅话题，分别从三个和而不同的角度对平台内“建党百年”相关的推文内容进行分类。此外，为有效提升视频号播放量、加强视频号与公众号两者之间的内容联结，西南交通大学也对视频号中“榜样 · 交大青年说”主题下的内容进行系列归纳，并将其放置于公众号聊天界面的菜单栏目中。

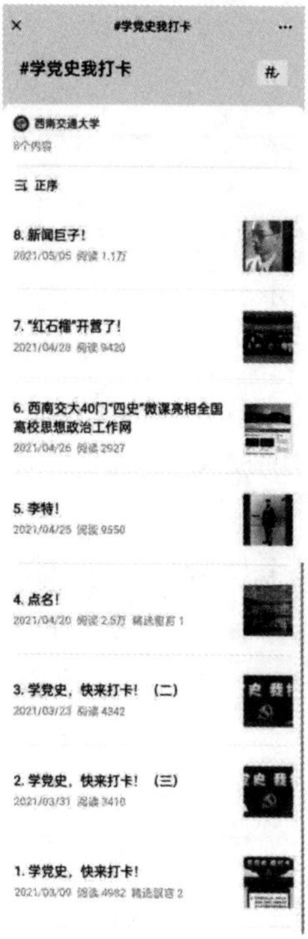

图 1 “学党史我打卡”订阅话题

图 2 “传承红色基因”订阅话题

图 3 “榜样 传承”订阅话题

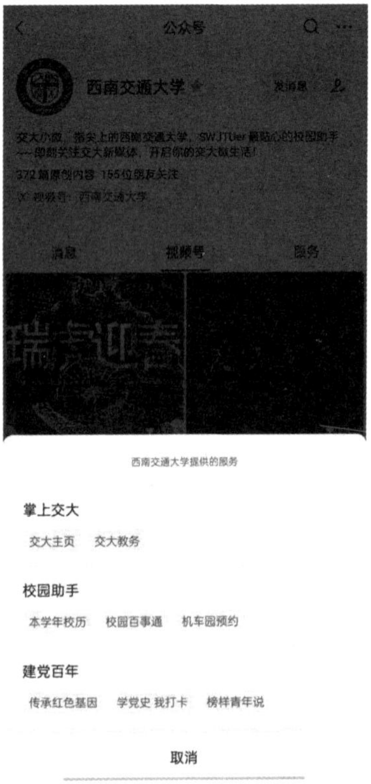

图 4 公众号菜单界面

就接触渠道而言。微信推文的订阅合集将会自动形成相关链接以及导航栏，放在推文末尾，这使得读者在阅读结束后可以不费力地自动跳转到相关的合集中，有利于从“被动的受众”方面提升同类型内容的阅读量，由点带面提升相关话题的宣传力度，起到宣传效果。而公众号菜单栏则从“主动的受众”方面，为有“建党百年”相关内容阅读意向的受众提供了一个主动查找相关内容的渠道，拓宽了相关内容接触面。

就呈现形式而言。平台功能加成下的网络链接多层跳转，使得公众号的内容呈现得以更加多元化。“建党百年”相关的内容不仅包括常见的图文推送合集，更拓展到了系列视频合集的范畴，提升了不同类型内容的比重。同时，合集式的整理也使得不同时间发布的同类型零散内容得到统一展示，使得“建党百年”这一主题被反复强化，在潜移默化中影响读者。

就内容质量而言。在“建党百年”这一宏大主题下，西南交通大学除了设置了“学党史我打卡”这一合集，还结合学校自身历史，从校史中的优秀党员人物入手，开设“传承红色基因”“榜样 传承”“榜样·交大青年说”等专栏，加强了党史与校史的联结，丰富了我校的文化内涵，从更加多样的角度提升了“建党百年”相关内容的可读性，在提升交大读者认同感的同时也更好地向外校读者宣传了交大。除此之外，这些话题中不乏我校优秀党员校友近年获得的表彰等内容，历史与现实相结合，以时间为脉络，跨越古今，让受众在回溯历史的同时也能了解到交大当今的建设成果。

就传播效果而言。在平台功能的加成下，推文订阅合集以及公众号菜单渠道相结合，在一定程度上提升了“建党百年”相关内容的传播效果。三个订阅话题中的推文内容平均阅读量破万，各话题的订阅及浏览人数也比较可观。

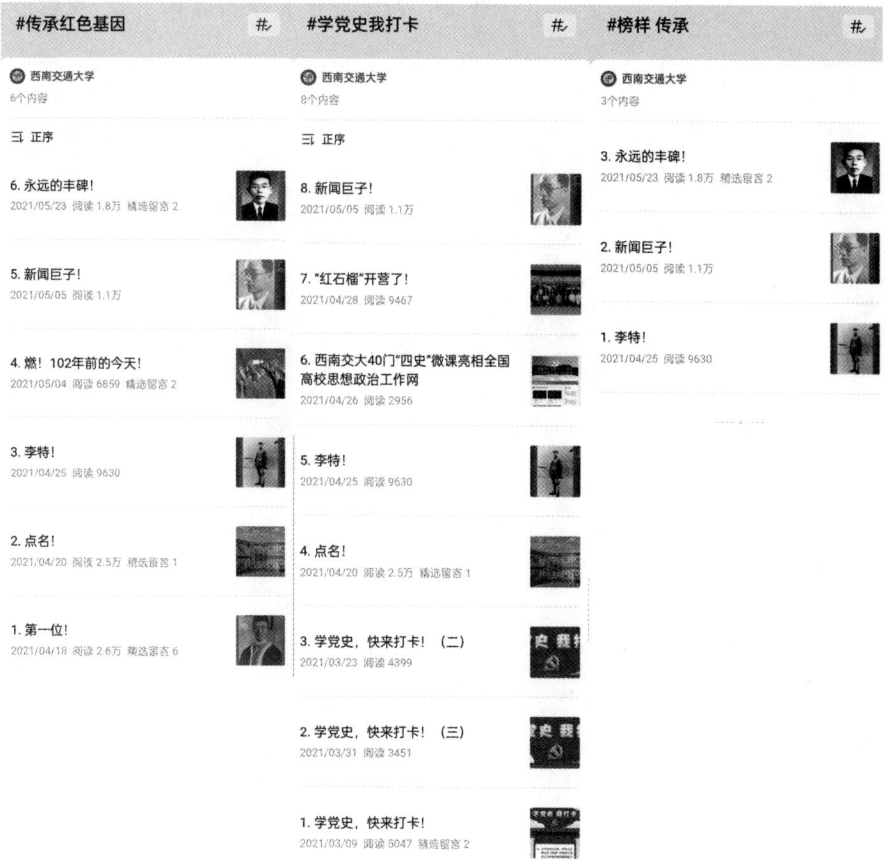

图 5　微信公众号订阅话题相关数据

平台与账号的关系是相辅相成的。账号借助平台而展现风采，平台借由账号而扎根发芽。在技术不断发展、平台功能不断更新的背景下，新媒体账号必然要紧跟时代步伐，顺应平台改变。这是挑战，也是机遇。西南交通大学官方微信公众号在“建党百年”背景下所做出的革新与变化，正是抓住机遇、适时而上的体现。

在“建党百年”的主题下进行命题作文，如何兼顾力度与尺度，做出自己的特色、形成自己的风格，对每一个新媒体工作者都是不小的挑战。西南交通大学官方微信公众号借助平台功能，形式上丰富了内容的呈现方式，内容上加强了党史与校史的联结，在做好“建党百年”相关宣传的同时更做好了自身的校史文化宣传。这一新媒体实践经验值得借鉴。

（作者：西南交通大学新媒体中心 魏钰泓）

案例 37

走出学校，走向火热的生活
——记一门生动的网络思政课

一、案例背景

西南交通大学人文学院有一门新闻评论课广受青年大学生的喜爱。这门课程的期末考试也很有特色，学期末，有的同学忙着布展，有的忙着调试设备，投影仪上播放着学生们的新闻述评作品，内容是西南交大研究生志愿者前往阿坝州扶贫攻坚的先进事迹。现场展示只是期末分数的一部分，总成绩还包含学生互评、日常表现、出勤情况、文字评论稿、小组合作的新闻评论视频等。这门“用脚走出来”的新闻评论课优秀作业被学校图书馆收藏，作品也成为大学生思政课教材。该课程还得到了中国青年报、教育导报、四川省教育厅官方微博、教育部大学生在线等权威媒体平台的展播和报道。

图 1　中国大学生在线的报道

图 2　四川教育发布的报道

西南交通大学先后发布《西南交通大学一流本科课程建设实施计划》和《西南交通大学一流本科课程建设指导意见》，引导全校本科课程向一流水平迈进，助推学校“双一流”建设。2020 年国家级一流课程 50 门，2020 至 2021 年全校共立项校级一流课程 249 门，新闻评论课就是这 249 门中的一门。学校以教师发展中心为平台，加强教师培训，这门新闻评论课的负责人梅红老师就是第一期、第七期学员。在课程改进中加强思政教育，强调以学生为中心，学校的教学方式发生了很大的变化，新闻评论课的教改只是其中的一朵小浪花。

“这个课以前还是‘一卷定成绩’的。我们经过 6 年的建设，逐渐形成了一定的教学风格。”梅红教授说道。2013、2017 年西南交大传播学专业分别获得“四川省卓越新闻传播人才教育培养计划”1.0、2.0 立项，2020 年西南交大传播学进入“双万计划”国家级一流本科专业建设点。新闻评论课程紧跟

“大新闻”“大传播”的趋势，打破学科界限，将传统的新闻评论课程内容智媒化、实践化、体系化，提出了全媒体实践人才培养模式，在教学模式上发生了巨大的变化。

图 3　新闻评论课成果展

二、案例特色

（一）线上+线下，把课堂搬到田间地头

新闻评论课程在教改过程中重新架构课程内容，进行教材和慕课建设，也将出版新形态教材一部，并上线慕课。知识体系中的内容不再仅仅局限于课本知识，还包括党和国家领导人关于新闻传播的最新指示与讲话精神。教学形式上充分运用网络资源，包括“网络新闻评论慕课”“2021 新闻传播大讲堂”“习近平总书记关于新闻舆论的讲话”，线下专题讲座包括“马克思主义新闻观与评论”“新闻评论选题策划”“新闻评论写作”“国际新闻评论”，重点加强学生选题策划训练，如什么是好的选题、如何寻找好的选题、如何利用不同媒介的特点进行立论等。针对当前舆论斗争的主阵地不断新媒体化，与时俱进加入网络新闻评论的相关内容，比如舆论的特点与引导、大数据与短视频业态等。

这门课程是按照一流课程建设要求开设的，注重课程的实践项目质量，带领学生走向基层，下到田间地头、工厂车间。为学生们联系校内校外实践基地，不管是在学校的图书馆、出版社还是宣传部等相关部门，总能看到新闻传播学学子们的身影。学生们也定期走向校外实践基地，如红辣椒网站、中铁集团下属单位的宣传部门、成都高新区融媒体中心、成都高新区地震减灾所等。6 年来，我们建立实践基地 20 多个，老师和学生们一起在实践中不断加强作为传播者的社会责任感，不断优化传播流程，提高媒介素养。同时，结合大学生 SRTP 项目，利用寒暑假和秋季学期的时间，把长途和短途实践相结合，保证走基层的质量。

图 4　新闻评论课程现场图

（二）“四力”+交通，真学真信求真知

新闻评论课程结合学校轨道交通方面的优势，对学生进行马克思主义新闻观的全方位熏陶。课程抓住“建校 125 周年”“建党百年”等重要时间节点进行选题策划，鼓励学生们探索自己当地的铁路交通乃至整个大交通领域的发展变化，感知在中国共产党的领导下国家交通事业的蓬勃发展，了解中国共产党的担当，坚定跟党走的信念。

学生在实践中体悟国家发展、党史教育，在选题、策划、视频制作等实践任务中学习马克思主义新闻观，明确传播的目标与意义，自觉践行党的方针政策。在查阅校史档案中，深刻理解西南交大“竢实扬华 自强不息”的含义，在采访 90 岁高龄的老教授过程中感受交通教育，发表新闻评论《高铁是怎样炼成的》，评述翟婉明院士的文章《我的中国梦就是高铁梦》。同学们扛着摄像机奔赴贵州山乡，了解在脱贫攻坚中，铁路交通给当地带来的深刻变化。一个个大大小小的实践和探索不断叠加，加深了学生们对新闻传播理论的学习和理解。课堂不再是灌输式的，而变成了学生们主动求索。

（三）“翻转课堂”，打造有温度的思政课

同学们成了课堂的中心，老师成了帮助者、引导者和推动者。在策划和制作阶段，老师均退出中心位置，留给学生更多的创作空间。

人文学院团委书记刘爽老师也是新闻评论课程的任课教师之一，他表示从大学生的思政教育来看，学生们充分享受了互联网中信息传播的双向性和自主性带来的好处。传统的思想政治教育形式较单一、内容较呆板，且多由思政教师或辅导员主导，学生被动接受教育，难以调动学生的积极性，且不易被学生接受和内化，而使用“翻转课堂”的方式，避免了这些问题。为此，课程在院团委公众号“艺点”上也开辟了“新闻评论”专栏，供学生们发表作品。学生们的作品在更多的平台上被二次传播，他们也转变为思政教育作品的生产者，理性地参与到社会公共意见的建设中。

图 5　新闻评论课程现场

6 年来，学生的新闻评论作品陆陆续续发表在政府、企业新闻网站，其中也包括人民日报、新华网等权威媒体平台。今年期末活动中的优秀作品还将在校内各平台展播，被交大图书馆永久收藏。

三、案例总结

新闻评论是媒体的旗帜和“灵魂”，学生是否掌握马克思主义新闻观要义，是否将习近平总书记关于新闻舆论工作的一系列重要讲话精神入脑、入耳、入心，要靠新闻实践来检验，新闻评论就是其中重要的一项。开展“国情教育，实践育人”，实施“专业内容与实践内容”相结合，带领学生走出校门，走向火热的生活中，不停地去锻炼脚力、眼力、脑力、笔力，才能不断增强新闻评论的引导力和影响力，才能生产出更多受大学生喜爱的思政作品。

图 6　新闻评论课程结业合影

图 7　新闻评论课程展海报

（作者：西南交通大学 朱莹燕）

案例 38

新媒体“接力棒”，线上线下联动，深化党史学习教育实效

在庆祝党百年华诞的重大时刻，在“两个一百年”奋斗目标历史交汇的关键节点，西南交通大学希望学院创新形式，将党史学习教育融入日常、抓在经常，由院系传递起党史学习教育的“接力棒”。接力活动分为线下、线上两种形式进行，一经推出，全体师生反响热烈，在新媒体平台上引发了一股学习热潮。

一、新媒体线上接力——讲“四史”

（一）活动形式

为打造话题，盘活粉丝，吸引在校师生以多种形式积极参与互动，院系团委及团总支以微信平台作为党史学习教育接力的主渠道展开宣传，并为各主题设置了形式丰富、配色醒目的海报。2021 年 3 月 17 日，土木工程学院团委发起并进行线上“四史榜样”主题学习教育活动，正式启动“学史明志葆初心 · 土木学子担使命”之第一棒；3 月 18 日，建筑与土木工程系团总支接力第二棒，发起并进行线上“党史”主题学习教育活动；3 月 19 日，建设工程管理系团总支接力第三棒，发起并进行“新中国史”主题学习教育活动；3 月 20 日，城乡建设系团总支接力第四棒，发起并进行“改革开放史”主题学习教育活动；3 月 21 日，土木工程学院团委接力第五棒，发起进行“社会主义发展史”主题学习教育活动……

活动前期，我们利用微信公众号、抖音、官方 QQ 等进行大规模宣传，通过各班级的班群进行号召，同时在微信公众号、微博等平台上持续展示学习成果。活动稳步有序展开，在 7 月 1 日建党百年这一重要历史节点前接力完成了 66 棒，向党的百年历程献礼。

图 1　接力棒主题海报截图

（二）活动实效

在这场线上接力中，师生们热情高涨，在接力文章下积极留言，分享着属于自己的故事，表达对党和国家百年来取得的辉煌成果发自肺腑的赞叹。在一段段饱含感情的故事中，大家自发地参与到党史知识学习之中，在评论区形成良好互动，从中国共产党人的初心和本色、从一段段党史故事中汲取不忘使命、砥砺前行的信念与勇气。

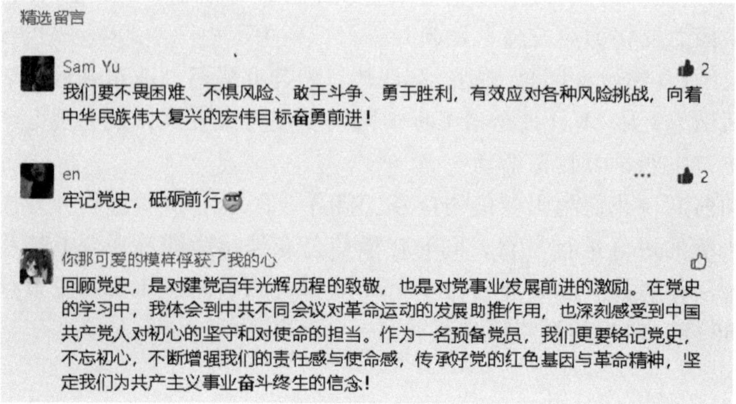

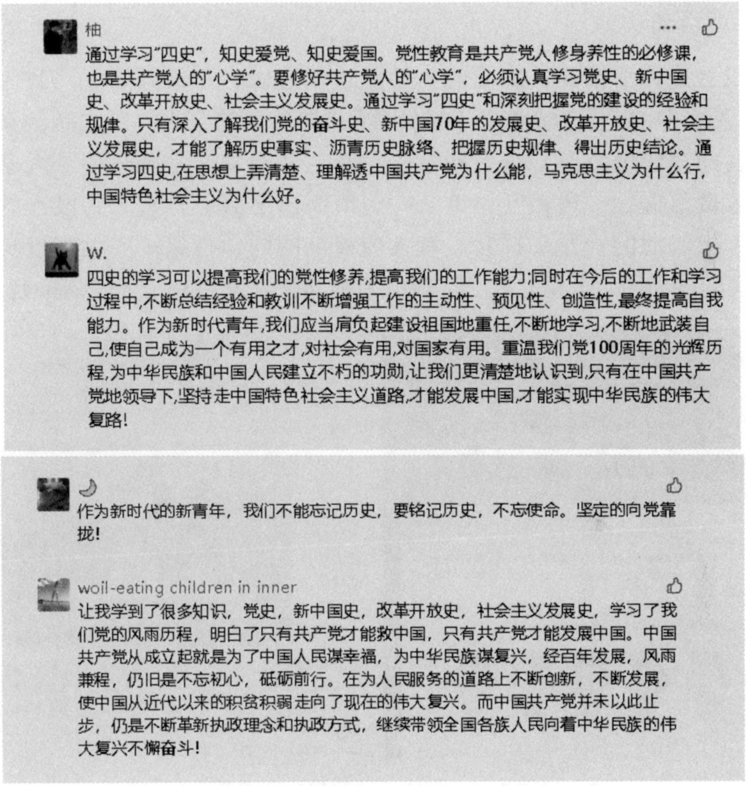

图 2　师生新媒体平台留言截图

二、线上线下联动——学“四史”

（一）活动形式

从线上接力活动发起的第二周开始，每周两天，院系师生都汇集在党建工作室，赴一个特别的“约会”——每周一晚上，结合接力内容和顺序，选取党的重大事件，围绕不同时期的典型事例、历史人物、精彩故事展开学习，一起回顾党的伟大历程和辉煌成就；每周三晚上，晒出接力学习心得，由各支部推举一名师生代表，根据专题系列中的主题发表感言。入党积极分子、中共预备党员、中共党员、非党员学生班主任、非党员学生指导员纷纷参与进来，自发前往活动现场。一些新生同学也积极踊跃在党总支公众号评论区留言感想，大家说：“接力太有意思了”“榜样的力量是强大的，是无穷的”“我将在奋进中砥砺前行，不忘初心”……一句两句，千言万语，闪烁着思想火花。

（二）活动实效

在线上接力活动开展的同时，学院边学边做，相继开展了“我为青年做件事”“我心中的党”“学党史、忆征程”“党史上的今天”等主题活动。在新媒体平台的宣传助力下，很多同学表示对这些活动非常感兴趣。大家扫描二维码进入微信群，一边相互讨论，一边组织志愿服务，有人为没人的教室关灯、有人把流动的水龙头拧紧、有人为夜训的同学指路……大家投身于志愿服务的实际行动中，让党史学习教育成为推动学院发展和个人发展的磅礴力量。

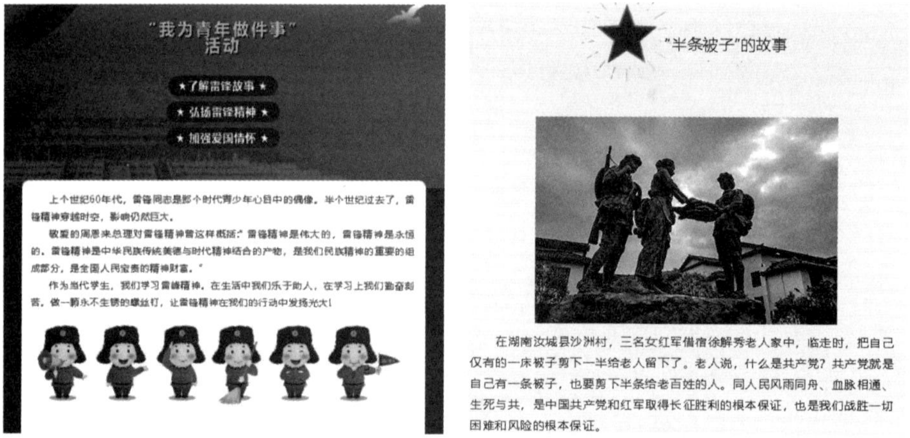

图 3　新媒体活动宣传内容截图

三、小结

2021 年，西南交通大学希望学院党委将党史学习教育作为年度重点工作任务，切实聚焦学习重点、用好用活学习材料、充分利用教育资源，通过新媒体平台，以党史学习教育“接力棒”传递的方式开展党史学习教育。新媒体更快、更便捷、更有效的宣传方式和效果，能够很好地在短时间内达到舆论宣传造势的作用。在线上线下多元化传播方式的相互配合作用下，全体师生参与党史学习的热情高涨，师生们纷纷通过留言分享自己学党史的感想与体悟，也纷纷参与到“办实事”的党史学习教育中来，促成了党史学习的良好效果。大家将对党和国家的热爱内化于心，外化于行，在共同学习和实践中回顾党的伟大历程。

（作者：西南交通大学希望学院 罗昭芮）

案例 39

浙江工商大学广播电视台：用活新媒体，为党史学习教育赋能

高校是意识形态工作的前沿阵地，承担着落实立德树人根本任务、培养德智体美劳全面发展的社会主义建设者和接班人的重要任务。浙江工商大学广播电视台作为学校重要的校园媒体，是大学校园宣传党的方针政策，传播各类校园新闻资讯和校园主流舆论的主战场，在新闻宣传、舆论引导、思政育人等方面发挥着重要作用。

以史为镜，可以知兴替。习近平总书记指出，党的历史是最生动、最有说服力的教科书。自党史学习教育开展以来，浙江工商大学广播电视台在宣传部指导下，充分发挥自身优势，创新传播形式，策划推出一批融媒体作品，用新媒体为党史学习教育赋能，推动党史学习教育走深、走实、走心。

一、创新宣讲模式，让党史学习教育“动听”起来

在全国高校优秀网络栏目“商大侃客”中策划推出“520 我们向党表白”“百年建党 薪火永传”“学史明理——与信仰对话”“清明祭：共读党史 峥嵘百年”等主题节目。节目以可视化手段，运用传统广播与线上直播相结合的形式，邀请学校“青竹计划”青年讲师团、“8090”新时代理论青年宣讲团为讲师，优秀学生代表等作为嘉宾，通过嘉宾讲述、主播交流以及观众互动的方式为全校师生讲述党史故事，播种党史情怀。2021 年 4 月 2 日，在清明节即将到来之际，邀请学校“青竹计划”青年讲师团讲师薛小敬作为嘉宾，进行了主题为“清明祭：共读党史 峥嵘百年”的党史学习教育活动。直播中，薛小敬老师用简洁幽默、师生喜闻乐见的方式，向学校师生介绍了中国共产党发展的三个历史阶段以及共产党早期活动家陈望道的故事，直播点赞数达 1.2 万，在广大师生中引发热烈反响，切实增强了网络实践育人阵地实效。

同时，依托学习强国平台，在“商邮记”栏目中推出“百年奋斗路 启航新征程”系列音频节目。在内容选取上，从建党的开天辟地，到新中国成立

的改天换地，到改革开放的翻天覆地，再到党的十八大以来党和国家事业取得的历史性成就、发生的历史性变革，选择了中国共产党带领中国人民砥砺奋进、从胜利走向胜利的过程中的十个重要事件和节点，在校园广播以及微信公众号、喜马拉雅等平台同步推出，推进学校党史学习教育往深里走、往实里走、往心里走。

图 1　学校“青竹计划”青年讲师团讲师薛小敬做客“商大侃客”为全校师生讲党史

二、创新制作形式，让党史学习教育“潮”起来

为迎接中国共产党成立 100 周年，结合党史学习教育，浙江工商大学广播电视台充分运用新媒体技能，创新制作形式，推出系列原创党史学习教育栏目《浙小商讲党史》。节目以中国共产党历史上重要事件和重点知识为主题，对党史小知识进行介绍，运用演播室虚拟合成技术，通过主持人对百年党史故事的讲述，来追寻红色记忆，宣传党的光辉历程和丰功伟绩，使党史学习教育体现浓浓的“教育味”“商大味”。节目在微信视频号、抖音、快手、天目新闻号等平台上播出，获得良好反响。

图 2　“浙小商讲党史”第一讲：《你知道“七一”建党节的由来吗？》

三、拓展学习阵地，让党史学习教育“活”起来

党的十八大以来，习近平总书记多次强调要把红色资源利用好、把红色传统发扬好、把红色基因传承好。红色资源是党和国家的宝贵财富，浙江省不仅是历史文化与创新文化的精华荟萃之地，拥有众多红色遗存，更蕴藏着丰富的红色文化资源。浙江工商大学广播电视台将党史学习教育同社会大课堂结合起来，组织团队成员分别走进中共杭州小组纪念馆和浙东衙前农民运动纪念馆，策划拍摄微视频《小巷中点燃的革命》《一个“公斗”见证不变初心》。用镜头讲述浙江省第一个地方党组织中共杭州小组诞生的故事，以及中国共产党领导的第一次有组织、有纲领的农民革命运动——衙前农民运动前因后果，让旧址遗迹成为党史“教室”，让文物史料成为党史“教材”，让英烈模范成为党史“教师”，从而讲好党的故事、革命故事和英雄故事，砥砺初心使命，延续精神谱系，做到见人见事、见思想、见精神、见行动。两部微视频分别获得第十一届全国大学生红色旅游创意策划大赛全国二等奖、华东赛区特等奖。

四、举办品牌活动，让党史学习教育“热”起来

除了制作一批高质量的融媒体作品，浙江工商大学广播电视台还积极开展相关活动，组织举办“‘奋斗百年路 启航新征程’浙江工商大学第六届‘正发声’主持人大赛”，将党史、校史知识融入赛事之中。选手们在展示主持能力的同时，带领观众回顾建党百年峥嵘路，建校百十风华史，同时展现了我校大学生文化艺术素质和健康向上的精神风貌，丰富校园文化生活。

图 3　浙江工商大学广播电视台团队在第十一届全国大学生红色旅游创意策划大赛颁奖典礼现场

图 4 “奋斗百年路 启航新征程”浙江工商大学第六届“正发声”主持人大赛

浙江工商大学广播电视台以校园融媒体矩阵为载体，通过创新宣讲模式、革新技术手段、拓展学习阵地等形式，制作了一系列深受师生欢迎的融媒体作品，在校园里唱响主旋律、传播正能量，进一步激发了广大师生爱党爱国热情，让青年学生在潜移默化中将红色基因根植于心，赓续红色血脉，厚植爱国主义情怀，得到了师生的一致认可，也获得了不少奖项与荣誉：获 2020 年度全国百强校媒称号，2019 年度、2020 年度连续两年获评“浙江省十佳校媒”，在中国青年报“请党放心，强国有我”2021 全国大学生“千校千项”网络展示活动中获“优秀团队风采”。浙江工商大学广播电视台运营管理的微信视频号“浙商大微视听”荣获“2021 年度影响力高校视频号”；浙江工商大学天目新闻号获“2020 年度天目号优秀传播力创作者”荣誉称号。学校在 2020 浙江网络正能量传播评选活动中被评为“新莓圈”网络正能量传播年度账号。

图 5 浙商大广播电视台总结大会合照

（作者：浙江工商大学 傅鸿洲 余雪）

视频应用

走在时代前沿，培育校园生态。

短视频行业的兴起、相关平台的飞速发展，在展示巨大的发展潜力的同时也加快了信息资讯的传播效率。如何以读者为导向，遵循新媒体时代思政教育规律，充分利用短视频资源，借助短视频传播算法推荐和议程设置功能，大力培育以青年喜闻乐见的短视频为主要传播手段的校园正能量生态圈，是我们正在探索的课题。

案例 40

歌声里的党史
——以旋律重温百年征程

从1921年播下革命火种的小小红船到2021年领航复兴伟业的巍巍巨轮，在百年奋斗历程中，我们党领导人民取得了举世瞩目的辉煌成就，书写了波澜壮阔的历史画卷，给我们留下了弥足珍贵的宝贵经验和精神财富。青海大学团委献礼党的百年华诞，策划专题“歌声里的党史”。以革命歌曲为载体，以党史故事为主线，在歌声中重温中国共产党百年艰苦卓绝奋斗的光辉历程，在党史中汲取精神力量、探寻初心密码、牢记忠诚使命、凝聚奋进力量。进一步激励青年牢记初心使命、坚定理想信念、传承红色基因的斗志和决心，以实际行动献礼百年华诞，为谱写中华民族伟大复兴的新篇章贡献力量。

图1 微信文章封面

在建党百年之际，各类新媒体账号开展了形式多样的“学党史，强信念，跟党走”党史学习教育活动。但是应该如何突破传统学习教育形式，以全新的模式带领青年更加生动地学习党史，打造有趣、有料的“线上”思政课？显然文字的表达能力和传播效果具有明显局限性。考虑到在中国共产党的百年奋斗历程中，有一条独具特色的文化路线始终与党的发展相伴而行，以丰富多彩的形式记录着、反映着中国共产党发展历程。所以，本栏目选用和中国共产党历史发展紧密结合的革命歌曲，以歌曲结合党史故事的方式带领观众们走进每个故事的真实情境，通过“歌声+党史”的形式把党史故事讲生动，把历史逻辑讲明白，加深广大青年学子对中国共产党百年光辉历程的认识，激励青年追随青春榜样，从党史中汲取奋进力量、传承奋斗精神，勇于创新、敢于突破，将聪明才智贡献国家，以开拓进取服务社会。

党的百年光辉历程，孕育和发展了先进的中国特色社会主义文化，而薪火相传的社会主义文化，为党的伟大事业提供了强大精神动力。弘扬党史文化，要让党史文化以具有吸引力、感染力的形式走进校园，要充分调动学生们的积极性，让同学们自愿走进党史文化。将党史宣讲与文化教育相结合，不仅生动讲述了党史故事，而且在一定程度上提升了大学生的文化素养，丰富了青年学生的网络文化生活，取得了以美育人，以文化人的成效。

一首歌并不能将中国共产党的理念、人民群众的呼声、战士们的英雄气概谱写完，因此栏目富有创意地制作《歌声里的党史》系列影视作品。将经典影视画面和歌曲结合，辅以对时代背景和歌曲的解说，共同形成一个令人身临其境的学习环境。

《歌声里的党史》在多平台进行宣传，进一步扩大了党史教育活动的受众群体。发布后得到了不错的反响，起到了很好的引领作用，营造了浓厚的党史教育学习氛围，增强了党史教育学习实效。

图 2　在 bilibili 平台宣传

通过本次尝试，我们发现思政教育不能仅仅局限于传统模式，而需要更加关注、尊重、贴近时代需求，创作出新鲜的、具有时代气息的作品，可以大胆尝试以“思政引领+文化”“思政引领+科技”等方式进行创作，实现互相促进、共同发展的新型教育方式。

（作者：青海大学团委 张耀东 罗金兰）

案例 41

让短视频诉说大情怀，用年轻平台诉说百年初心——以《榜样 · 交大青年说》为例谈新媒体语境下的党史教育实践

2021 年党的百年华诞之际，西南交通大学党委宣传部联合学校多学院、多单位制作了《榜样 · 交大青年说》——党史故事讲述系列视频，通过对我校知名校友的革命事迹进行讲述，让系列视频全流程的参与者与受众对与之经历相似的前辈的革命历史故事有更深刻的理解与认识。

本系列共分为 12 篇，介绍了尧茂书、姚桐斌、杨潮、马增玉、茅以升、田玉珍、曹献猷、武胡景、陈能宽、刘文华、竺可桢校友在革命史及新中国建设史中发挥的重要作用。

图 1 《榜样 · 交大青年说》——党史故事讲述系列视频之竺可桢（地学学院）

本系列在微信视频号、抖音、快手、B 站等多平台发布，数据较好，反响较为热烈，受众面较广。

每期视频时长约三分钟，通过学生对相应校友事迹的讲述将学生、学科与党和国家发展之间的关系紧密联系。文案切中肯綮，语言平实生动，演讲者口播严谨亲切，拍摄分镜及转场合理丰富，后期剪辑准确清晰，制作质量较高。

以介绍竺可桢先生的视频为例。该片分为“在我校就读历史”“如何走上革命道路”“做出了何等贡献”及“人物逸事”四部分。首先介绍了竺可桢先生在我校求学的过程、留美回来建立我国第一个气象观测站和地学系的故事以及被毛主席接见时关于“管天”的聊天内容。内容精简准确，而最后的逸事部分生动活泼，有效地避免了呆板说教。

本系列在拍摄中，第一段通常在校史馆相应区域选景，庄重而主题明确；随后来到图书馆相应区域，其间穿插相关历史影像。这样的设置避免了节奏平淡无味、长时间固定场景带来的审美疲劳，视频内容和载体形式丰富，增加其传播效率。

在剪辑方面，本系列采用了统一片头，力求系列标准化；使用了一些简约高效的转场，在关注视频主要内容的同时兼顾细节，提升视频的质感；在片尾，制作方名单清楚明了。

在发布方面，建立了以党委宣传部为核心、多平台宣发参与的统一发布模式。在确认第二天发布内容的同时，确定了格式较为统一的模板，密切协同，基本做到各平台同时发布，确保了系列任务发布的统一性和严肃性。发布过程中，结合各平台特点做少量调整：如在抖音、快手发布时，结合短视频平台特点进行拆分；在竖屏发布时，合理装饰横版改竖版之后的空白部分。在发布之后，对发布的信息在工作群中进行汇总，形成全平台发布信息矩阵。使各大平台的发布工作有机协调统一，也便于后续相关部门对于本次发布活动的总结和经验存留。

本次系列视频的发布分 12 天进行，战线较长。为了保证发布效果好，各部门间、各部门内负责人通力协作，仔细校对，实现了发布过程的顺利进行。

就视频本身而言，学生讲述的方式使之更加贴近校园里的学生，将宏大的叙事改为简短的故事合集，更贴近年轻大学生平时的观看习惯；作为一所工科见长、学生多为理科生的学校，对前辈校友求学创业历史的回顾，更有利于学生结合自身情况进行感悟理解，并使学生能直接将其事迹转化为激励自己的动力。避免了佶屈聱牙的叙述造成理解偏差与难度，也少了呆板说教之嫌，内容广博、深入浅出，还能够吸引其他社会受众。

（作者：西南交通大学新媒体中心 刘净慧）

案例 42

“新”瓶装酒酒更香：西南交通大学视频号建党系列视频推送

新媒体的诞生，给人们的生活方式、内容都带来了极大的改变。初次接触“新媒体”概念，可能第一个问题是：何为“新媒体”？如果按照联合国教科文组织的定义，那就是“以数字技术为基础，以网络为载体进行信息传播的媒介。”那么这个“新”在何处？

与传统媒体的传播方式不同，新媒体实现了信息的双向传播，而这种传播不受场所的限制，而是更加个性化，更加个体化，更加及时，内容多元，富有原创性。毫无疑问，新媒体是信息发布、宣传理论的便捷载体，在科技飞速发展的时代迎合人们休闲娱乐时间碎片化的需求，也越来越符合大众的口味。

微信视频号也是新媒体的一种新兴传播载体。微信这一拥有近乎全量的用户基数的 App，覆盖了其他短视频平台不曾覆盖的人群。微信视频号的内容以图片和视频为主，支持点赞、评论进行互动，也可以转发到朋友圈、聊天场景，与好友分享。同时，视频号的时长并不限制在 15 秒内，故其内容能够承载更多的价值导向和深层次需求。门槛低、节奏快、好友权重大、传播便捷。

因此，西南交通大学视频号应运而生。在这个“交大人”的朋友圈里，我们可以通过视频号了解各种各样关于交大的点点滴滴。从学校重大活动的实时转播到学院的发展信息；从会议精华到学生的校园生活，视频号全方位、多角度地展示了西南交通大学作为国家“双一流”建设高校、“211 工程”、“985 创新平台”的风采。截至 2022 年 2 月，西南交通大学视频号已有 8208 人关注，2021 年（2021.2—2022.2）总浏览量达 1 550 533 人次，总点赞量达 45 554 人次。

同时，西南交大视频号在党建宣传中也没有忽视视频号的优势。我们深刻明白新媒体的运用和发展拓展了新形势下党的理论传播的途径，丰富了日常理论学习的手段，也为人们学习党的全新理论、强化思想理论武装提供了更先进的方式。西南交通大学追随着中国共产党，不断披荆斩棘。一颗红心向着党，永永远远跟党走。因此，在 2021 年中国共产党建党 100 周年之际，交大视频号策划了“祝福献给党，心声颂百年”和“榜样·交大青年说”等多个活动，多管齐下，献礼华诞。

图 1　西南交通大学视频号截图

一、祝福献给党，心声颂百年

2021 年，中国共产党迎来建党一百周年，面对这一重要话题，视频号推陈出新，精心策划，创新形式，为关注者呈现交大人的家国情怀。

“祝福献给党，心声颂百年”系列视频的拍摄对象从学院领导到学院同学、从授课老师到行政工作者。每条短短的视频，承载的是深深的爱意。我们用大家常见的竖屏形式，用短短几十秒的时间，将交大人的爱党情与“竢实扬华”的精神巧妙相连，声音、画面、文字多方协调配合，给读者视觉和听觉的双重享受。

图 2　西南交通大学视频号截图

“祝福献给党，心声颂百年”突出了“祝福”这个核心，大家的寄语展现了对当下美好生活的讴歌赞叹、对祖国的美好祝福、对青年一代的殷切期盼以及对未来的无限展望。为适应广大受众的观看需求，我们结合移动端的传播特点，针对不同的人群，不仅在视频号推送，同时也在哔哩哔哩等相关视频网站进行传播。

应对滚滚前行的历史车轮，作为交大人，我们更加坚定了一个信念：没有共产党就不会有未来屹立于世界强国之列的中国和中华民族。尊重历史、立足眼前、放眼未来，只有坚持走中国特色社会主义道路，才能发展中国，才能实现中华民族的伟大复兴！

二、榜样 · 交大青年说

《榜样 · 交大青年说》系列视频从西南交通大学历代优秀前辈的生平事迹讲起。充分挖掘其作为交大人的“竢实扬华，自强不息”的伟大精神。同样的交大人身份，拉近了他们与普通交大学子之间的距离，同时也向观众介绍宣传了交大的精神内涵。

该系列视频每个时长三分钟左右，简短介绍了党史与校史故事，符合当下短视频“短”的特点。我们不仅将视频发布在视频号上，也发布在主要受众为青年人的平台上，使年轻人更容易接收此类信息，向青年人不断传递正确的价值理念。

图 3 《榜样 · 交大青年说》视频截图

文化之于一个国家、一个民族、一个文明的重要性不言而喻。中国特色的红色革命基因和共产党人烽火岁月里的革命斗争精神，积极展现了中国人民不断增强的文化自信，激励着中国人民走向全面建设社会主义现代化国家的新征程。而交大人，就是在一代一代的薪火相传中，坚守着中国共产党的领导，坚守着中华民族伟大复兴的初心与使命。

新媒体改变的是学习环境，丰富的是学习手段，党的优良学风仍然在新媒体环境中焕发生机。视频是时代的洪流，是大势所趋，良好的宣传有助于提升高校形象、展现高校精神风貌、传递正能量，助推学校更好更快地发展。交大视频号，以视频形式，展不息风采！

（作者：西南交通大学新媒体中心 沈玉璐）

案例43

中国海洋大学案例：《首席的一天》

纵观历史，向海则国兴，闭海则国弱。建党百年以来，我们党始终高度重视海洋科学技术发展。在中国共产党的坚强领导下，我国海洋科技事业经过几代海洋科技工作者的不懈奋斗，实现了几乎从零起步到跟跑、并跑，再到若干领域世界领跑的跨越式发展。实施“透明海洋”战略，建设海洋综合立体观测体系，已经成为了我国海洋科技创新的一个重要方向。2021年5月，来自中国海洋大学和国家海洋环境监测中心的54名科考队员乘坐“东方红3”船开展远海科学调查。

为了更好地展示海洋科技工作者的工作环境，展现海洋科技工作者的精神风貌，让人们更加直观地了解海洋科考现场，中国海洋大学新闻中心策划新媒体产品，跟踪展现外海科考第一现场，把远在大洋深处的科考工作完整地呈现在观众面前。视频具有直观、生动、现场感强等优势，所以想要直观地展现外海科考，主题视频的制作就成为这次新媒体策划的核心内容。中国海洋大学视频号于2021年开始正式运营，视频号运营理念侧重于突出学校特色、注重情怀展现。所以这个视频选题是为视频号量身制作的，主要目的是在视频号上首次独家推出外海科考一线纪实，同时希望通过视频号平台更好地展示学校的科研成果，对没有出海经历的人进行有关海洋科考的科普。目前外海科研受限于网速条件，无法进行直接的视频直播活动，所以全方位的视频展示就显得尤为重要了。

外海科研调查是普通大众所不了解的领域，真正的外海工作环境对大多数视频号受众，包括中国海洋大学的许多师生都是一个新鲜的事物。所以在充分考虑到视频号受众对新鲜事物的好奇和对未知领域的探索精神，视频除了表现科研工作之外，还表现了科考队在船上的生活、船上的环境、实验室的使用等这些与陆地有所不同的地方。我们也希望通过呈现这些内容来吸引更多的人关注我们的视频号，达到粉丝数量的提升。我们视频号的运营观念就是“打造海味内核、注重特色发展”。不仅要突出“快”，还要突出内涵，形成独特的“海味”系列视频产品。学校的相关学科在这方面有着得天独厚的条件，我们努力将学科上的优势转化成为宣传中国海洋大学的一张名片，转化成宣传学校的“正流量”，创作出专属中国海洋大学的“海味十足”的新媒体视频产品。

图 1　“东方红 3”船驶离青岛奥帆中心码头

图 2　“东方红 3”船航行在西太平洋

外海科考活动有很大的不确定性，天气、海况等各种不确定因素都会对科考任务产生严重的影响，包括航线、工作站点都存在随时改变的可能性，相比于在陆地上跟拍科研活动，外海跟拍策划需要多种备选方案和策划预案，需要根据实际的情况改变实施方案。

图 3　“东方红 3”船艉甲板潜标作业

图 4　“东方红 3”船 CTD 作业现场

图 5　“东方红 3”船艉甲板

策划初期，我们和航次的首席科学家陈朝晖老师取得联系，了解航次的相关信息，同时基本确定了围绕首席科学家进行视频创作的线索。

了解了航次的相关信息，本次策划的核心内容也逐步清晰。科考活动本身是专业严谨的，如何将难懂的科学知识向大众进行科普？如何将这项科考活动的意义和价值清晰地表达出来，就成为这次主题视频制作的出发点。所以我们制定了通过纪录片呈现的整体方式，希望通过记录各项科研活动现场和科研人员的工作生活来完成策划内容。

图 6　布放大型浮标现场

图 7　“东方红 3”船艏甲板

本航次的调查持续 40 多天，中间不进行补给。从青岛启航，经过大隅海峡进入西北太平洋第一站点开始工作就用了一个星期的时间。真正开始工作几天之后，我们发现了几点现实的问题，导致了之前策划的内容必须进行修改。第一，海上气候变化无常，船头下雨船尾晴的情况也时有发生，工作人员的着装也变化明显。所以拍摄的素材，特别是同一个科研项目不同时段拍摄的素材很难进行交叉剪辑处理。第二，科研活动同质性强，每个站点很多科研工作是相同的，工作的流程也是类似的，所以多样性较弱。结合本航次的具体工作内容和一段时间以来整理的拍摄素材，我们临时修改了策划方案。

图 8　“东方红 3”船航行在西太平洋

外海作业有其特殊性，不像陆地上可以上班下班，海上科考工作都是 24 小时连轴工作，人员进行部分轮换但是工作不停。经常是停船的时候采集样品，航行的时候做分析工作，站位比较密集的时候，工作任务繁重，很多科研人员都是连续工作 20 多个小时不停歇，大家休息的时间特别碎片化，经常利用采样间隙机械工作的 1—2 小时空闲时间简单休息。根据这个实际情况，我们调整策划方案。为了更符合视频号受众的观看心理，我们将新奇的事情集中进行展示，选择了一个工作内容较为多样的站点进行创作，主题也修改成为“首席科学家的一天”，希望通过首席科学家 20 多个小时的工作来带出这个航次的各项科考项目内容，同时可以通过一个较为完整的时间周期来立体呈现出海洋科考的生活工作状态。这一天中，无论科研、交流沟通还是生活、教学都成了镜头记录中的一部分。

图 9　夜晚 CTD 作业

图 10　夜晚地质取样作业

2021 年 6 月 1 日早上 4 点，船舶到达站点，一天的工作开始了，从寻找潜标开始，各项工作有序进行，突发情况也带给我们惊喜。从科研教学到吃饭休息，一天内发生的事情都列入到了视频拍摄计划中，首席科学家要为科研制订计划并且现场参与操作，还要与船舶方制订航行计划，同时还要带学生进行现场教学以及为兄弟单位的科研活动提供保障。一天的生活就像是一个航次的一个缩影，充分体现出海上科研活动的辛苦和与众不同。

图 11　航次首席科学家陈朝晖教授

完成了海洋科考部分的介绍，视频继续进行海洋科考任务的科普工作。通过首席科学家和不同岗位科研人员的口述，用平实易懂的语言向观众科普了海洋仪器设备的使用，同时介绍了各类科考活动的目的和意义，让观众能够了解我们为何进行这些海洋调查工作。

图 12 “东方红 3”船航行

由于外海没有网络信号，所以视频在航次结束，船舶返航之后最终制作完成并发布，由于此类新媒体策划内容在之前非常少见，所以视频一经推出便取得了很好的反响，让更多的人了解海洋科考，认识海洋科考，关注海洋科考，也让更多的人了解了中国海洋大学的视频号。我们希望通过制作更多特色鲜明的视频作品，更好地宣传海大、让大众了解海大，让中国海洋大学在国家的“海洋强国”战略中发挥更加重要的作用。

（作者：中国海洋大学 吴滔）

案例 44

招新视频：用“网感”唤醒交大“舆论场”，让用户成为宣传链条的重要一环

视频：（西南交通大学 | 风情庭院，巅峰住宅）

2021 年，习近平总书记在中国文学艺术界联合会第十一次全国代表大会上指出：“源于人民、为了人民、属于人民，是社会主义文艺的根本立场。”如何提升内容触达度，完成既定宣传目标，人民群众的“喜闻乐见”或者说用户的所思、所想、所好是答案的来源。《西南交通大学 | 风情庭院，巅峰住宅》就是在此指导思想下产出的作品。

每年高校招生季是各高校宣传的重要节点之一。为了全方位地展示我校的优势，交大新媒体视频团综合考量学校其他宣传平台的宣传重点，差异化地将本年度的宣传目标确立为“交大硬件基础设施”，并结合当时的网络热点内容及自身宣传目标，仿制了交大版的“巅峰住宅”。最终此作品在曝光度、用户参与度、正向舆论构建三个指标上均呈现了较好的效果，完成了预期的宣传目标。

在制作宣传内容的过程中，确定宣传目标是十分关键的步骤。我们团队基于自身的特色，有针对性地选择了“潜在的新生”作为我们宣传的核心目标，制作符合这一群体喜好的内容。在充分调研 B 站（哔哩哔哩弹幕网）用户的近期喜好的情况下，结合内容的宣传目标，团队确定了仿拍“巅峰住宅”的计划。后期数据的反馈证明此次主题的选择是比较成功的，数据达到了团队 B 站账号发布视频播放量历史最高，同时，其在抖音平台也获得了较高的播放量，实现了曝光度这一宣传活动的基础目标。

图 1　相关视频截图

在此次高校招生季的宣传内容中，我们团队的目标不仅仅是让目标受众看得到，更重要的是看进“心里”。基于此目标，我们选择的内容是在学生群体中拥有较高话题度的“交大硬件基础设施”，特别是学生群体普遍关注的住宿条件。通过优质的画面以及带有喜剧感的配音与视频节奏，我们的视频牢牢把握住目标受众的目光。同时，我们选择的主题也充分调动了在校学生的积极性，充分发掘了评论区这一重要的信息传递空间，让学长学姐们现身说法，在进一步加强了宣传内容的可信度的同时也构建了一个交大专属的“舆论场”，有利于推动校园舆论的进一步聚集，达成较好的正面宣传效果。

制作一个拥有良好的传播力和引导力的内容，前期的策划是关键。在评论区、弹幕等由用户掌握的内容成为作品重要组成部分的情况下，策划不仅仅是确定一个目标受众喜闻乐见的主题以及后期执行，还需要对用户的预期反馈做好准备。作为高校对内和对外的“大门”，新媒体视频团队的内容不仅仅需要良好的曝光度，更需要拥有增强学校正面形象的能力，要同时达到这两个目标，内容制作前期的策划是最为关键的部分。

（作者：西南交通大学新媒体中心 谭显操）

案例 45

新媒体背景下文艺创作与思政教育的统一——以天府新区信息职业学院全学生团队创作红歌视频为案例

2021 年庆祝建党 100 周年之际，由天府新区信息职业学院党委、宣传统战部指导，校团委大学生合唱团参与，新媒体中心全学生团队拍摄制作的歌曲视频《在灿烂的阳光下》，在 2021 年 7 月 1 日建党 100 周年之际在学院官方微信公众号推出并被“四川教育发布”平台转发。

图 1 《在灿烂的阳光下》视频截图

该作品以歌曲为载体，展现了中国共产党光辉的百年奋斗征程，彰显了天府新区信息职业学院建功新时代的精神。不仅单篇阅读量创下新高，更让全校师生都深受感召。

创作和欣赏作品的过程激发了广大学生强烈的爱国爱党情怀，使党史学习主题教育更加“入脑”“入心”，扎实做好了学院青年学生的思想政治教育工作。

一、案例背景

一直以来，天府新区信息职业学院党委高度重视运用新媒体做好师生的党史学习和思想政治工作，充分利用微信公众号、视频号等新媒体，在网络空间传播文明、引领风尚，加强青年学生思想道德建设，用社会主义核心价值体系引领大学生思想政治教育工作的开展。

2021 年是建党 100 周年，学院决定拍摄制作一支红色歌曲视频献礼百年。考虑到如果外包给专业的公司团队，虽然他们经验足、视频品质高，但并不能在学生中产生真正的教育意义。最终学校依托宣传统战部、新媒体中心组建了一支具有较高政治素养、熟悉新媒体宣传工作、具备一定创作和技术水平的学生拍摄团队，来完成这次的拍摄和制作任务。

图 2　三苏文化广场取景拍摄

二、做法成果

学院高度重视此项工作，宣传统战部、新媒体中心组织，校团委、学生处、人文学院等部门院系积极参与，认真筹备组织，分工明确，保证制作进度和质量。

学校大学生合唱团的学生参与演唱拍摄，新媒体中心的学生团队成立摄制组，从脚本制作、选曲排练到取景拍摄、合唱收音，再到最后剪辑完成，多个环节都反复锤炼打磨，历时近两个月。其间克服重重困难，加班加点，精心制作，高质量完成了拍摄和制作任务，最终呈现出了一部优秀的作品，向建党 100 周年献礼！

图 3　腾飞门取景拍摄

图 4　志远门取景拍摄

红色歌曲视频《在灿烂的阳光下》排练过程中，广大师生积极响应，也纷纷跟着学唱，既为歌曲优美的旋律所吸引，更被歌词中的深情打动。视频播放后，在全校掀起了学唱红色歌曲的热潮。

本次作品的拍摄创作是全校师生党史学习教育的一项重要活动，是党史学习在新媒体平台的重要组成部分，也是为建党 100 周年献礼。该视频制作精良，内涵丰富，有震撼力，于 2021 年 7 月 1 日被“四川教育发布”平台转发。

《在灿烂的阳光下》以歌曲为载体，展现了中国共产党光辉的百年奋斗征程，彰显了天府新区信息职业学院的办学实力与为国育人、为党育才，建功新时代的精神。

图 5　教学楼前取景航拍

三、亮点经验

这是一部完全由大学生团队参与演出并完成整个拍摄、制作工作的作品。在参与作品创作的过程中，广大学生将自己的爱国主义情怀与坚定理想信念融入其中，创作的过程也是继续学习、深入研究、思想升华的过程，同学们深深感受到了中国共产党矢志不渝的革命信念，更加深刻地理解了党的初心和使命，加深了对党的了解和认同，激发了强烈的爱国爱党情怀，文艺的价值追求和思政教育的目标达到了内在的统一。

这种更深刻、更立体、更生动、更自然的爱国主义教育，使党史学习主题教育更加“入脑”“入心”。

该作品是高校新媒体在时代大背景、建党百年大主题下，实现突破性创新的良好案例，原创歌曲+原创 MV 的拍摄，展现了天信学子积极向上的精神面貌，真正做到了从大学生的角度出发，融青春风采于献礼之中，是高校思政教育的良好榜样。

图 6　天信学子高举党旗唱响红歌《在灿烂的阳光下》

（作者：天府新区信息职业学院 余天维 罗堂 李淇）

案例 46

线上线下联动 “言值”“颜值”并存
——锦城师生歌唱《祝福祖国》

2021 年是中国共产党成立 100 周年。成都锦城学院围绕建党百年重大主题，发挥融合优势，践行“四力”要求，用生动的笔触、丰富的创意、深厚的情感，创作出一批形式多样、角度新颖、内容精良的新媒体作品，可谓既有“言值”又有“颜值”，深受受众喜爱。

其中《青春向党 时代向上 锦城师生歌唱〈祝福祖国〉》这一微信推文作品，以丰富翔实的内容、气势恢宏的镜头、经典感人的歌词、充满激情的舞蹈、直抵人心的歌声，将锦城人对祖国的祝福、对党的信念展现得淋漓尽致。推文中的视频作品为锦城师生演唱经典红色歌曲，由锦城师生编、导、排、拍、摄、录、制完成。

图 1　微信推文配图

百年征程波澜壮阔，百年初心历久弥坚。7 月 1 日，成都锦城学院庆祝中国共产党成立 100 周年暨“两优一先”表彰大会在锦城大礼堂隆重举行。

同时，锦城学院还相继推出主题校园文艺作品。学校组织开展了原创红色话剧演出，剧目包括《红旗》《那年，战乱如麻》《以我之力，追我所愿》《勋章》《“疫”路逆行》等，同学们通过网络、现场两种方式进行观看，了解革命历史，学习革命精神。2021 年 5 月 21 日，学校党委副书记、校长王亚利同志带队 100 名师生参加四川大学举办的“讴歌百年伟业、携手共创新篇”庆祝中国共产党成立 100 周年师生合唱比赛，并取得第二名的好成绩。

图 2　微信推文配图

学校还举办了“四史”讲述大赛、“红心闪耀”——庆祝中国共产党成立 100 周年大型综合会演、“永远跟党走、逐梦新时代”庆祝中国共产党成立 100 周年师生合唱比赛、“庆祝建党 100 周年 我把青春献给党”教师风采大赛、辅导员风采大赛以及“铭记初心、学史砺行，汲取智慧、全面成长”系列主题活动。学校将党史学习教育与“锦城之春”校园歌手大赛、舞蹈大赛、经典诵读会等活动有机结合，将红色元素融入校内文化节、科技节、社团文化节，在师生中产生了广泛的影响。

锦城师生歌唱《祝福祖国》案例主要体现了新媒体运营的以下特点：

1. 线上线下联动，扩大宣传效果

在校报、官网、官方微信、官方微博等线上全媒体平台开设庆祝建党 100 周年及党史学习教育宣传专栏；在校园主干道、教学区、图书馆、行政楼、体育场等人流集中区设置宣传展板、横幅 84 处，其中主题雕塑 6 处，全力营造浓厚氛围。

2. 把握重要时机，紧扣红色主旋律

在建党 100 周年这一特殊时期，学院组织策划红色主旋律推文，满足读者阅读需求，将歌唱祖国这一表达爱国的方式推广到师生群体中。文中以“锦城人”第一人称表述，使读者具有强烈的代入感，促使他们纷纷转发，以“锦城人”的身份歌唱祖国，将爱党、爱国情怀传递。

3. 以点切入，全面铺开

本推文以“锦城人”歌唱祖国这一活动为切入点，吸引读者关注，从而带动相关系列活动的宣传，宣传了讲座、诵读、表彰等形式多样的系列红色活动，形成以点带面的宣传格局，使宣传广度、深度大大提高。

该作品具有极强的原创性和独特性，借师生之口，共同歌唱祖国、祝福祖国。综合运用全媒体平台联动的传播优势，以点到面，由表及里，深刻展现了“锦城人”的爱党爱国情怀。以歌抒情、以歌达意，既诉说了对党的爱戴和崇敬，又展现了成都锦城学院的良好精神面貌，是用新媒体方式进行思政宣传的优秀案例。

（作者：成都锦城学院 李凌骄）

案例 47

在娱乐平台与严肃主题中找到平衡
——西南交大抖音平台创新解读建党主题

图 1　抖音短视频内容截图

一、作品简介

《西南交通大学：榜样力量》——党史故事讲述系列视频作品于 2021 年 7 月前后发布于西南交通大学官方抖音账号。在建党 100 周年之际，紧扣主题推出，共计四期，每期时长 3 分 20 秒至 3 分 50 秒，采用人物讲述+历史画面再现的形式。每期选用一名我校优秀学生代表，向师生校友和广大社会人士介绍四位我校老学长和教授的风采及其为共产主义事业而奋斗的光辉事迹。

百年征程波澜壮阔，中国共产党百年来书写了无数篇壮丽史诗，涌现出一批又一批报国志士和优秀党员，为新中国成立、中国特色社会主义建设与中华民族伟大复兴事业做出了重大贡献。而交大作为百年老校，与中国共产党同呼吸，共命运，培育了大量优秀的建设人才，为祖国建设做出了突出贡献。该系列视频聚焦历史轨迹中涌现出的极具代表性的我校优秀校友及为建设祖国做出杰出贡献的党员，对他们的光辉事迹进行有针对性的介绍，为广大师生树立了良好的榜样形象，催生我们向榜样们看齐的积极心态和满腔热血。

二、作品质量及传播效果

该视频作品画质清晰、时长适中，叙述节奏良好，口述事实和画面记录兼备。以“榜样党员校友故事”为主题，具有较高的新闻采编价值。该作品在“七一”建党节前后发布，贴合节日主题。

三、视频特点及平台运营分析

（一）话题严肃性和平台娱乐化冲突分析

建党一百周年是2021年的重大热点，而此话题是光荣、正式、严肃的，因而庆贺建党一百周年的相关视频，不应过度宣传或不恰当地娱乐化，应秉持着客观、公正、实事求是的理念正确反映客观事实，从而起到正面宣传的良好作用。

抖音平台最显著的特点之一便是泛娱乐化，如何做好建党100周年主题的严肃性和抖音的平台特征之间的平衡，在利用好抖音庞大的用户量的同时，不破坏传播本意，让广大受众切实体会到传播者的意图，正确理解接受创作者想传达的内容是难点所在。

（二）典型案例及本系列视频冲突应对分析

分析抖音平台上关于建党一百周年的相关视频，播放量排在最前面的主要是主流媒体发布的庆祝中国共产党成立100周年大会的精彩片段、习近平总书记在会上精彩发言的节选。此类短视频新闻融合视频、文字、音乐等元素，标题鲜明，表达形式直观，符合抖音平台移动化、碎片化的表达习惯。其次是一些机构媒体和部分自媒体的原创类视频，多以影视剪辑为主。该类视频之所以取得可观的数据，在于抓住了用户情感和心理特征，在内容选择、表达形式等多个维度上，直击人心，用情感、人情味打动用户、从而提高了播放量。

基于以上对于抖音平台上建党 100 周年相关视频内容的高质量案例的分析，我们确定了“《西南交通大学：榜样力量》——党史故事讲述”系列视频的宣传风格。该组视频借鉴短视频新闻的特点，以显眼的标题和主题明晰的片头向观众明确了视频立意和即将传达的内容，同时很好地将故事性和宣传性相结合，在客观事实的基础上循序渐进地进行情感上的铺垫。

本系列视频采用线性叙事方式，一期一人，将校友的人生轨迹中的重要转折点以及突出贡献浓缩在三分钟左右的视频中，融观赏性和纪实性为一体，贴合学党史的主题任务，同时为歌颂中国共产党以及庆祝中国共产党成立 100 周年营造了良好的舆论氛围，是典型的将抖音平台特质与建党主题巧妙结合的成功案例。

（三）基于用户特征的精准化传播分析

个性化精准推送也是抖音平台的另一大特点。

在中国共产党 100 周年华诞到来之际，全网各类媒体、各类平台关于此主题的相关视频类作品层出不穷，浩如烟海，而高校官方媒体要想在此信息“洪流”中站稳脚跟，必须精准分析把握其所对应的用户的特征和心理期待，从而更好地实现针对性、高质量的传播，更好地达到传播效果，同时增加我校官媒的粉丝黏性。

经分析，西南交通大学抖音官方账号的粉丝群体以学生及学生家长为主，因而在抖音平台的精准推送的作用之下，我们账号所发布的视频主要观众就是本校学生及家长。比起随波逐流仿照主流媒体、“大 V”博主发一些笼统的、综合类的视频，我们更需要的是产出有特色的、有地域特征的、个性化的原创类视频。

“《西南交通大学：榜样力量》——党史故事讲述”系列视频所反映的内容对交大师生而言在地缘上具有接近性。每期视频所介绍的主人公是交大的往届学长或者教授，他们的光辉事迹更易引起学生的自豪心理和关注。每期的讲述人是我校形象气质佳、语调语速合适的优秀学生，能够拉近受众和讲述者的距离，使我校师生在观看时更易接受，使校外人士在观看时能一睹我校学生风采。故事主人公和故事讲述者都是我校学生，营造出了一种跨越时空的对话感，曾经的峥嵘岁月和如今的新时代交相呼应，使视频的意蕴更为深刻，可看性更强。

该系列视频在建党百年主题的同类作品下，很好地实现了差异化创新和针对性推送。以西南交通大学优秀党员校友为切入点、扣住建党百年辉煌成就的大主题，以小见大，见微知著。既借优秀校友展现了本校的良好精神面貌，实现了正面宣传；又赞颂了党员奉献自我、建设祖国的良好品德，同时准确把握抖音平台特点、进行精准化内容产出，是在抖音平台进行校史、党史宣传的成功案例。

（作者：西南交通大学新媒体中心 张敬葶）

案例 48

多平台联动，西财天府学院师生原创歌曲《百年中国梦》

重温党的艰苦奋斗岁月，唱响青年学生赤诚爱国情怀。2021 年是中国共产党成立 100 周年。站在建党百年的历史节点上，高校官方媒体应做好表率作用，坚定践行“坚守百年初心”的理念，重视红色文化宣传工作。在内容创作方面，高校应思考如何做好红色文化的建设宣传，并向广大师生及社会人士推送符合时代背景的内容。在此背景下，西南财经大学天府学院精心策划，拍摄《百年中国梦》视频，学生作词，家长作曲，教师演唱，共同庆祝中国共产党成立 100 周年。此视频发出后反响热烈，掀起了红色热潮。

一、事件概述

“南湖红船百年风雨，先辈传递火种……”红色历史，催人奋进。中华民族的伟大复兴充分印证了那句“没有共产党就没有新中国”。2021 年 7 月，西南财经大学天府学院在学校官方微博、微信公众号、微信视频号等新媒体平台发布了由本校学生作词，家长作曲，教师演唱的《百年中国梦》视频，共同献礼建党百年。

二、新媒体平台宣传数据

随着互联网的快速发展，新媒体时代已经到来，在运营学校媒体的过程中，我们除了思考如何创作出优质内容以外，更应思考如何用丰富的样态与多元的视角将优质内容传播出去，开展立体多样的报道。所以在视频制作完成以后，我们在多个媒体平台同时进行了宣传，收获了热烈的反响。其中，微信推文《速看！天府师生原创歌曲〈百年中国梦〉》发布后，激发了大家浓厚的爱国热情，收获了阅读量 1 万余次，点赞 321 个，评论 105 条，转发 578

次。视频也在官方微博收获了 1.7 万次的阅读量以及 4310 次的观看。

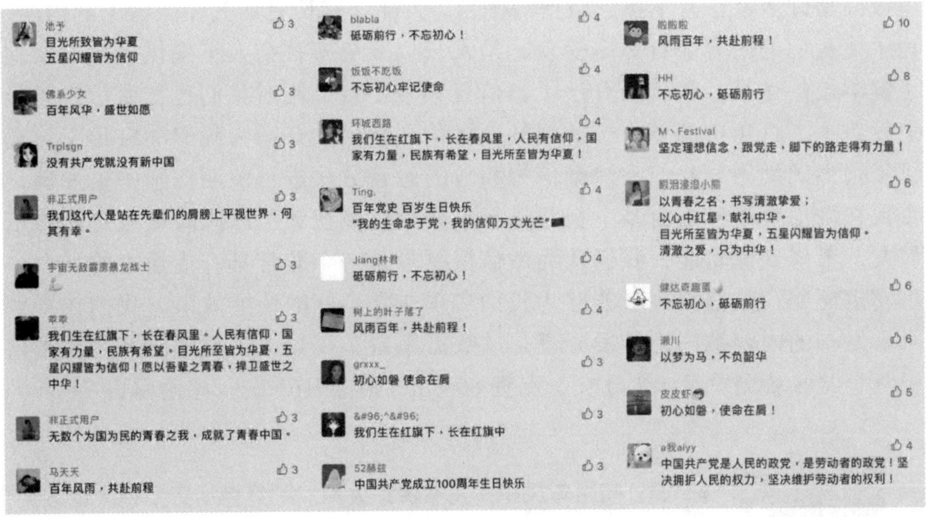

图 1　微信文章留言区截图

图 2　官方微博截图

在视频宣传的过程中我们发现，微博的宣传效果并没有特别好。我们思考或许是许多家长并不熟悉微博等平台，大部分家长更加关注微信上的内容。为了使我们的内容能有更多受众，给家长以及更多社会人士提供更加方便地了解学校的途径，我校新开通了微信视频号平台，同时我们也在微信视频号上发布了《百年中国梦》红歌视频。微信视频号的开通为我们的宣传工作提供了很大的助力。我们在对微信视频号的运营方法进行前期探索中也发现，个人在微信视频号中对某一视频进行点赞后，该视频可以同时被推送给微信好友。考虑到此功能，我们认为微信视频号是一个非常具有传播力的平台。事实也证明，微信视频号能够为我们实现非常良好的传播效果。我们在视频号上发布的内容被广泛转发分享，从数据来看，视频《百年中国梦》在微信视频号共收获浏览量 1.8 万次，点赞 603 次，转发 167 次，评论留言 71 条。

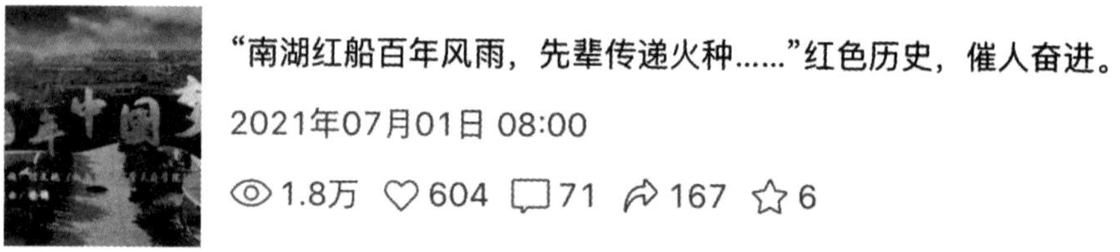

图 3　微信视频号数据截图

三、结语

万物皆媒时代，媒体的领域在拓展，联动的需求在提高，高校宣传要注重从“单打独斗”转向“合纵连横”。本案例中，西南财经大学天府学院通过自主策划活动，以学生作词，家长作曲，教师演唱的方式拍摄《百年中国梦》视频共同庆祝中国共产党成立 100 周年，通过微博、微信公众号、微信视频号等平台进行内容推送。同时，在推送过程中，学校不断探索如何更好地发挥新媒体平台的优势，做好平台运营工作。百年征程波澜壮阔，百年初心历久弥坚。我们站在“两个一百年”奋斗历史的交汇点，应当汲取先辈智慧，凝聚中华民族力量，勇做新时代的奋斗者、开拓者，将爱国热情融入学校，让爱国情怀深入人心。

（作者：西南财经大学天府学院　莫晓颖）

联动互动

联动整合资源，构建传播格局。

互联网、多媒体技术的突飞猛进深刻改变了当前的信息传播生态，给高校的思想宣传工作带来了前所未有的机遇与挑战。加强高校媒体平台合作，整合宣传资源，扩大宣传覆盖范围；发挥多平台联动优势，补齐短板，多措并举，建构新时代高校宣传思想工作新格局。

案例 49

建党百年与建校七十周年“梦幻联动”，打造属于成信人的百年记忆

百年历程波澜壮阔，百年初心历久弥坚。中国共产党成立一百周年之际，成都信息工程大学进行了微信与微博双平台联合，将建党一百周年和建校 70 周年“双周年”结合，用文字故事和视频的形式庆祝“双周年”，引起了全校师生和众多社会人士的关注与互动。

一、唱响青春歌会，热点“超燃”混剪，预热建党百年庆祝活动

2021 年 6 月 26 日，我校举办大型现场活动“青春歌会”，为建党一百周年活动预热。活动中，成信大学子献歌党的百年历程，现场的歌声感染了每一位学子。同时我校在微博上进行了活动的实时直播，累计观看人数已达到 14 万人。

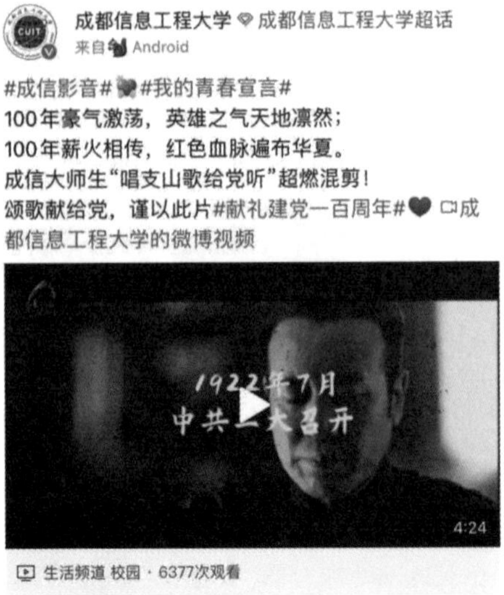

图 1　官微发布“唱支山歌给党听”超燃混剪视频为“青春歌会”活动直播增加话题度

“青春歌会”结束后，我校第一时间使用现场拍摄的视频片段，结合当下热剧《觉醒年代》，制作了“超燃”混剪视频，把近三个小时时长的歌会浓缩成四分多钟的视频，在建党节当日发布。在回味现场的同时，也带领师生回顾党的百年风风雨雨，献歌于党的百年辉煌灿烂。本次视频的播放量突破 1.7 万。

二、晒党龄，忆初心，为党庆生

建党节前，成都信息工程大学官方微博征集了多名成信大师生与党的故事。以“党龄”为切入点，听他们诉说对党赤诚的感情。在参与人群中，有刚刚入党的在校生，也有党龄 77 周年的老师，在每个人的故事中都能感受到身为一名党员的力量。同时，我们也汇集了不同年龄段的师生对党共同的祝福。尽管党龄不同，故事不同，但是不忘初心的使命却是相同。

图 2　官微转载“晒党龄”公众号文章进行双微平台互动

7 月 1 日微信公众号发布文章《建党 100 周年|亮身份、晒党龄、忆初心，我们为党庆生！》后，我校也在微博进行了再次发布，收获了超过 9000 的阅读量。

三、《有我担当》校歌发布，联动建党百年与建校七十周年

建党百年之际，也是成都信息工程大学成立七十周年，我校于 7 月 8 日发布了成都信息工程大学校歌《有我担当》的视频，展示成信大师生的风采，用校歌向党献礼，从党的故事中体会每一位学子的使命。本条微博的阅读量达到了 6.7 万。

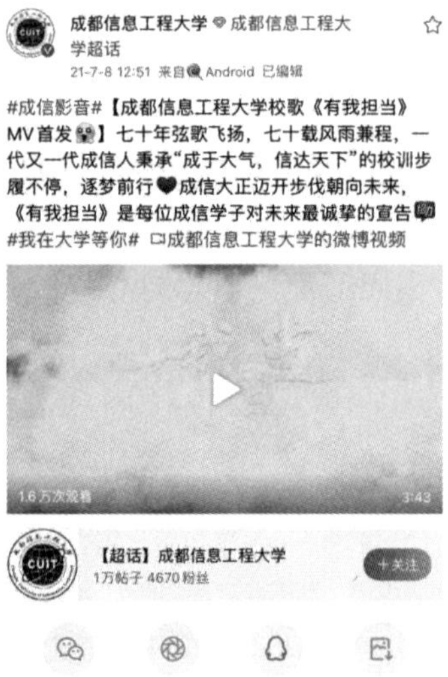

图 3 《有我担当》校歌视频在官微重磅首发

70 年来，一代代成信人秉持着“成于大气，信达天下”的校训，不忘初心，勇担民族和时代重任。未来我们仍将接下时代的接力棒，遨游书山学海，胸怀万千气象。

官方媒体是学校对外的展示窗口，在党的百岁诞辰，我们在前期进行了充分的策划，进行照片、视频等素材的拍摄积累工作，撰写大量文案并逐字逐句进行斟酌、修改，希望能够以最真诚的姿态和最完美的方式代表成信大，献上对党的祝福。在微博发布过程中，我们采用图文、视频、投票、头条文章等多种形式，充分发挥创新性，尽可能增加对受众的吸引力。在发布之后，我们实时关注后台数据和反响并进行积极互动，收获了更多的阅读、点赞、评论、转发等。

此次官方微博献礼建党百年与建校七十周年，无论从发布内容的广度、深度还是数量、质量，都取得了不错的成果。在未来，我们也将坚定步伐，始终听党话，跟党走，记录成信故事，发出成信声音，做更优秀的官方微博！

（作者：成都信息工程大学 张颢琳 李颖）

案例 50

教工部网站与微信公众号：交大老师的“加油站”

西南交通大学党委教师工作部（教师发展中心）是负责西南交大教师思想政治工作、师德师风建设、教师培训和教师职业发展相关工作的二级职能部门。

作为首批 30 所之一的国家级教师教学发展示范中心，教工部基于国际视野和全局思维，把教师工作纳入学校发展整体框架，多年深耕媒体宣传工作，依托新媒体技术，打造了“网站+公众号”双平台并驾齐驱的基本工作格局。建党百年之际，教工部不忘初心、牢记使命，始终坚守教师思政和教师发展双轮驱动这一工作中心，形成了媒体平台的三级联动模式，对内对外展示学校教师风采以及教师思政和发展工作成效。

图 1　主题网站截图

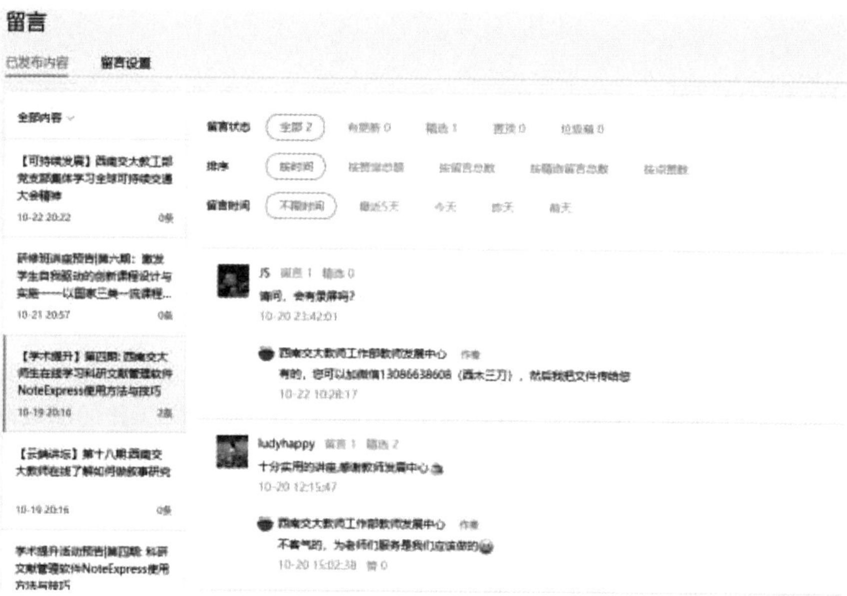

图 2　公众号后台留言版块截图

一、官方网站和微信公众号同频共振，互为补充

教工部秉持“每项工作必出精品新闻”的原则，将网站和微信公众号打造成“教师信息直通车”。例如，每次举办活动前，教工部会在网站和公众号上同步发布活动预告；活动后，教工部会以生动翔实的新闻稿件报道活动内容，发布在两个平台之上。这样就能最大限度地确保无论是习惯用电脑还是习惯用手机的老师，都能及时接收教工部的最新资讯。2021 年，两个平台的阅读量共达 25.3 万，这个数据在展示扎实的工作成效的同时，受到了校内外同行和专家的一致肯定，增强了学校的美誉度。

此外，网站和公众号还起到相互补充完善的作用。由于操作方式、页面布局等的不同，教工部在网站上开辟了教师思政、教师发展和通知公告、新闻动态等专栏，条理清晰地展示出部门的各项工作。一些内容精彩、深受师生喜爱的讲座视频，由于时长过长，在公众号上不便操作，教工部就会将视频放在网站的讲座视频专栏。老师们反馈，开设的这些专栏便于他们获取学习资源，对他们的工作和学习大有裨益。另外，公众号也有着网站无法做到的留言互动功能。教工部时刻关注公众号评论区的留言，碰到有疑问或者求资源的留言，会在第一时间联系留言者，解决问题。

“网站+公众号”的方式，可以大大提高老师的信息获取效率，也让教工部的工作“雁过留声”，极大地促进了学校老师的能力提升和教工部自身的建设发展。

二、与其他校内媒体联动宣传，营造教师发展氛围

与校新闻网联动：重要活动前后，教工部都会在校新闻网上发布通知与新闻报道，其中，教工部在校新闻网学术活动板块的发布量占到了90%以上，总阅读量超过了12万，大大发挥了营造学校的学术文化氛围的作用。有老师说，每天查看学术活动板块已经成为一种习惯。

与其他学院、单位媒体联动：促进教师能力提升，宣传师德师风，仅仅靠教工部的网站和公众号是不够的，加强与学校各学院单位的媒体平台的互动也是教工部近几年来的重点工作。例如，第十届青年教师竞赛初赛阶段，为了充分激发学院积极性，教工部与全校 21 个学院联动宣传比赛的开展情况，打破壁垒，使校内信息直通，做到学院有新闻，教工部网站来转发，充分提高了老师们的参赛积极性，营造了浓厚的“以赛促教”氛围；与力学院“砥力传媒公众号”联合开展身边的“双严”征文活动，每一期教工部都会在自己的公众号上联动宣传，分享师生之间的感人故事，弘扬优良师德师风，这一活动也取得了很好的宣传效果。

三、向校外媒体投稿，提高影响力

“信息直通车”不仅通于校内，也要向外发声。因此，教工部积极向各大媒体进行投稿，宣传我校教师精神风貌。

教工部的一篇党史学习实践研学活动的宣传报道，刊登在部门网站、公众号和校新闻网之后，还发表在了学习强国号上，阅读量高达21万，引起了社会上的广泛关注；2021 年 6 月举办的师德师风大讲堂被列入成都市“巾帼心向党”宣讲活动，活动报道刊登在中国网、中国妇女报、成都日报等多家校外权威媒体，在全国范围内宣传了我校师德师风培育工作的开展情况，大大提高了我校的美誉度。

2021 年是意义非凡的一年，在建党百年的伟大历史时刻，在“两个一百年”奋斗目标历史交汇点，教工部也在持续发力。2021 年底，在西南交大党委宣传部（新闻中心）开展的十佳校园媒体答辩中，西南交大党委教师工作部网站与微信公众号成功斩获 2021 年度十佳校园媒体称号。这不仅是对教工部特色宣传方式和扎实工作成果的认可，同时也是对教工部背后优秀运营团队的认可。

西南交通大学 新闻网
Southwest Jiaotong University NEWS SITE

首页 | 交大要闻 | 媒体交大 | 教学科研 | 国际交流 | 党史学习 | 扬华校园 | 交大人物
文化交大 | 学术活动 | 交大通知 | 校园广播 | 交大视频 | 电子校报 | 常用服务

学术活动

[学术活动] 【研修班】第六期：激发学生自我驱动的创新课程设计与实施——以国家三类一流课程为例
报告时间：2021-10-26 09:00 阅读次数：6876

[学术活动] 【云端讲坛】第二十期：如何有效开展学生学习评价——情感、态度、价值观教育目标的设计与测评
报告时间：2021-10-18 09:00 阅读次数：1588

[学术活动] 【学术提升】第四期：科研文献管理软件NoteExpress使用方法与技巧
报告时间：2021-10-19 09:00 阅读次数：1342

[学术活动] 【首开课】第1期：勇担教育使命，浅谈如何成长为新时代合格教师
报告时间：2021-10-15 09:00 阅读次数：6227

[学术活动] 【云端讲坛】第十九期：混合式教学过程中如何保证并促进在线教学的有效性
报告时间：2021-10-14 19:00 阅读次数：1646

[学术活动] 【云端讲坛】第十八期：教师如何做叙事研究
报告时间：2021-10-08 15:30 阅读次数：3786

[学术活动] Compositionally complex alloys—Toward the design of exceptional materials
报告时间：2021-10-10 10:00 阅读次数：1071

[学术活动] 【研修班】第五期：基于信息技术的混合式教学设计——以清华大学“思想道德与法治”课程为例
报告时间：2021-09-29 14:30 阅读次数：992

[学术活动] 【云端讲坛】第十七期：混合式教学的理念与实施

图 3 学术活动版块发布通知

图 4 相关宣传报道

图 5　相关宣传报道

未来，教工部将会继续依托国家级教师教学发展示范中心，借助媒体宣传阵地建设，倾力打造交大特色品牌，为立德树人和“双一流”建设打牢教师队伍基础，为实现第二个百年奋斗目标、实现中华民族伟大复兴的中国梦而不懈奋斗！

（作者：西南交通大学　栗彤洁　李琦　梁慧颖　唐秀军）

案例 51

多平台联动，多账号并行，共同奏响主旋律

西南交通大学新媒体中心自成立以来一直扮演着西南交通大学新媒体代言人的角色，致力于在各大新媒体平台宣传交大形象，弘扬交大精神，提高西南交大的知名度和美誉度。目前，交大新媒体中心负责管理的官方微博、微信、B 站、抖音、头条、QQ 等平台超过 21 个账号组成的新媒体矩阵正在常态化运营。

2021 年正值中国共产党建党 100 周年之际，交大新媒体在全平台多账号上均策划了相关活动，用视频、文字、照片、漫画等形式共同庆祝中国共产党建党 100 周年。

一、保留传统纸媒功能，用文字传承历史

近年来新媒体发展势头猛烈，但无论是传统纸媒还是新媒体，最基本的功能仍旧是用文字传递信息。西南交大自建校以来就有着深厚红色基因和优良革命传统，无论是漫天烽火、辗转迁徙的抗战期间，还是三线建设内迁峨眉的艰苦时期、西南交通大学始终坚定追随着中国共产党的脚步，与国家同呼吸、共命运，克服重重困难，坚持办学。新中国成立以来，交大人投身于成昆铁路、青藏铁路、京沪高铁、川藏铁路、中国磁浮等“大国工程”中，涌现出一大批优秀党员，他们用冲锋在前、不畏艰难的精神，高风亮节的气度和家国天下的胸怀，不断书写着“竢实扬华，爱国荣校”的华章。针对这些特性，西南交通大学官方微信推出了系列文章，如“传承红色基因”系列推送与“榜样 传承”系列推送，向人们讲述西南交大人尊敬的老学长、老教授田玉珍、李特等人的故事，共同学习前辈的精神，传承流淌在交大人血脉中的红色基因。

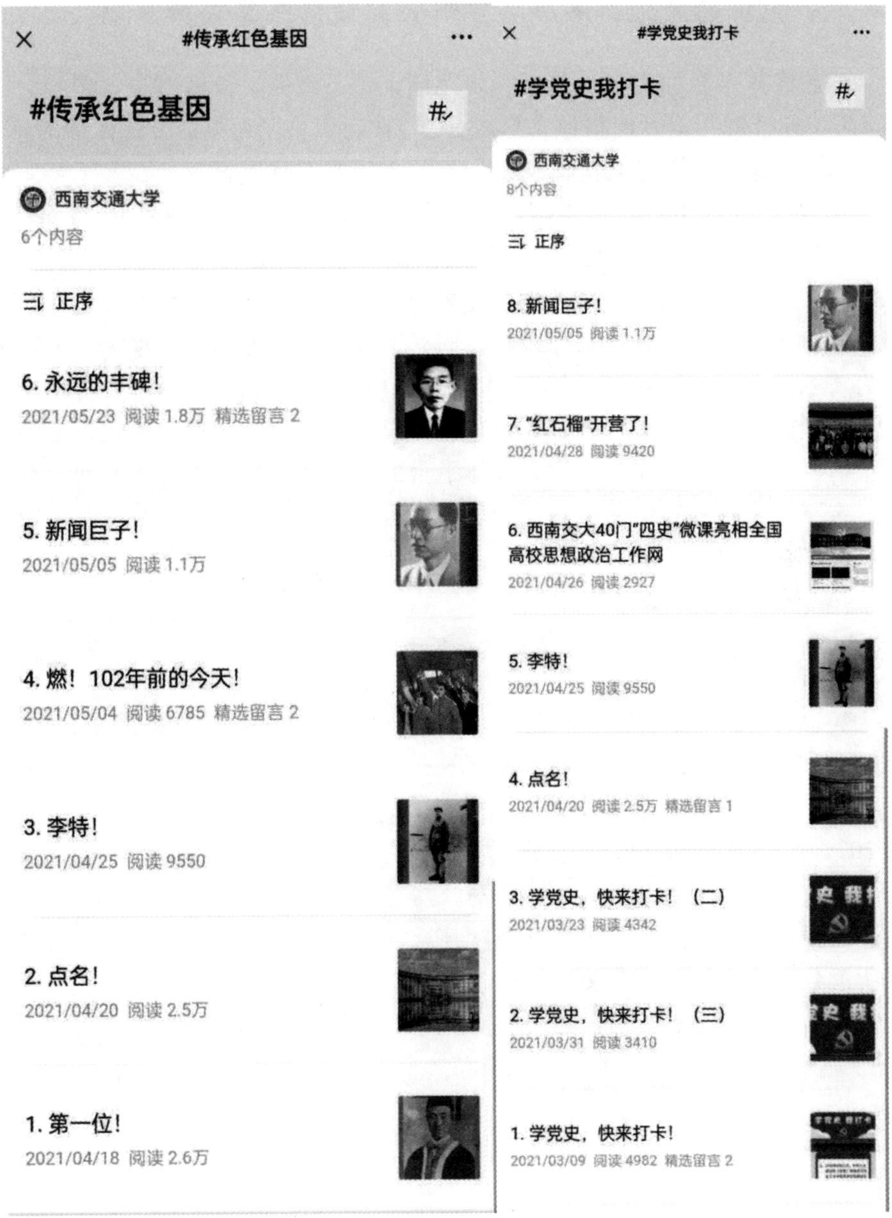
#传承红色基因
#传承红色基因
西南交通大学
6个内容
正序
6. 永远的丰碑！
2021/05/23 阅读 1.8万 精选留言 2
5. 新闻巨子！
2021/05/05 阅读 1.1万
4. 燃！102年前的今天！
2021/05/04 阅读 6785 精选留言 2
3. 李特！
2021/04/25 阅读 9550
2. 点名！
2021/04/20 阅读 2.5万
1. 第一位！
2021/04/18 阅读 2.6万
#学党史我打卡
#学党史我打卡
西南交通大学
8个内容
正序
8. 新闻巨子！
2021/05/05 阅读 1.1万
7. "红石榴"开营了！
2021/04/28 阅读 9420
6. 西南交大40门"四史"微课亮相全国高校思想政治工作网
2021/04/26 阅读 2927
5. 李特！
2021/04/25 阅读 9550
4. 点名！
2021/04/20 阅读 2.5万 精选留言 1
3. 学党史，快来打卡！（二）
2021/03/23 阅读 4342
2. 学党史，快来打卡！（三）
2021/03/31 阅读 3410
1. 学党史，快来打卡！
2021/03/09 阅读 4982 精选留言 2

图 1 微信相关话题

二、抢抓新阵地，多平台多形式建设网络育人新高地

随新媒体平台的发展，传统纸媒逐渐走了下坡路，读者减少、影响力下降。为了迎合青年读者们精神文化需求，以读者们喜闻乐见的方式传播信息，交大新媒体中心制作了相关图文推送、原创漫画和优质视频，在多平台用多种形式进行宣传，共同庆祝中国共产党建党100周年。如在微博平台发布“学党史我打卡”和“小微学思政”的系列微博文章，在微信平台发布“榜样 传承”和“榜样的力量”系列推送，在短视频平台则发布了“西南交通大学：榜样力量”党史故事讲述系列视频，同时还针对热映电影《长津湖》进行了名为《祖国在召唤》的漫画创作，在国家公祭日当天和共青团中央合作绘制了相关漫画。新媒体平台由于其特点，可以综合图片、文章、视频、音频进行报道，交大新媒体充分利用新媒体平台的特点和优势，进行创作和内容发布，多平台发布内容，尽可能达到更大的宣传效果；多形式发布内容，满足各层次读者不同的需求。

三、营造好气候，创造好生态

2021年，交大新媒体中心共发布300余篇推送，累计阅读量超过500万；6500余条微博，总阅读量突破2.1亿；拍摄了6600余张照片，制作了1600余张图，发布了250余篇视频。一篇篇推文、一张张图片、一个个视频都是对2021年一年的全面总结和记录，为中心的工作人员提供了深入学习的材料，有益于大家在大型活动后回顾，提高政治意识，线上线下齐头并进对该类活动进行报道，让未到场的学生、老师甚至家长群体也能在网络上了解线下活动所承载的重要思想和意义。

以永久奋斗之心激扬青春风帆，把历史放在心间，将目光看向前方。

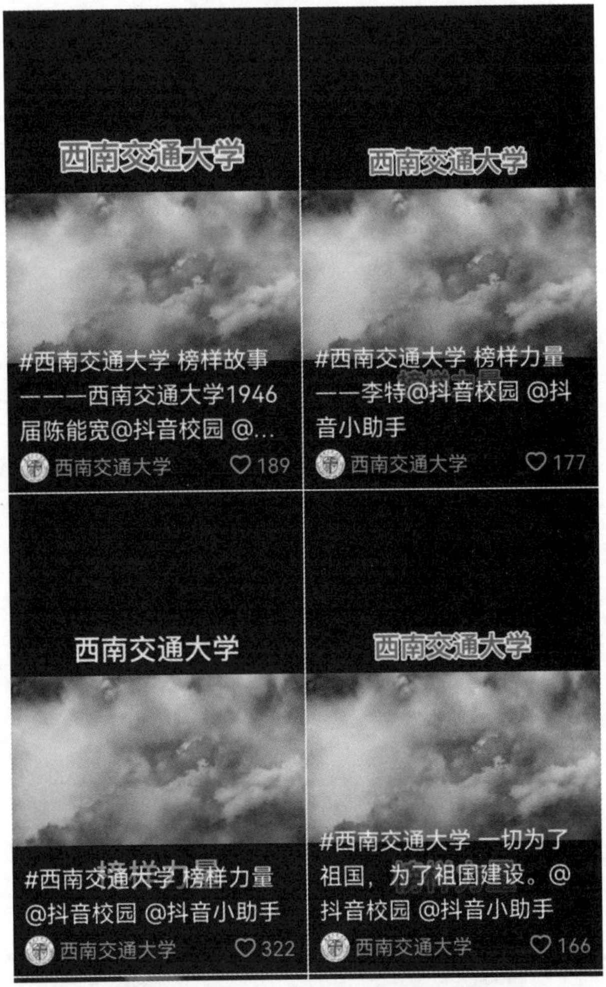

图 2　抖音平台发布《西南交通大学：榜样力量》党史故事系列讲述视频

图 3　《祖国在召唤》系列漫画

图 4　国家公祭日漫画部分展示

（作者：西南交通大学新媒体中心 刘宇坤）

案例 52

高校新媒体在建党百年主题上的运营实践与思考

2021 年是中国共产党建党 100 周年，百年峥嵘岁月，波澜壮阔；百年风雨兼程，砥砺前行。在这个重要的历史时刻，高校官方新媒体账号运营者需要思考，如何利用新媒体进行思政宣传、历史教育，如何利用新媒体营造同庆百年华诞的氛围，唱响新时代建功新征程的主旋律。西南交通大学官方微信公众号在这一年中重点策划、精心制作、巧妙运营、细致分析，制作出了多篇内容新颖、形式创新的公众号推送，在营造庆贺百年华诞氛围的同时进一步对内加强了师生思政教育，对外宣传了交通特色鲜明的高等教育学府形象。

本文以西南交通大学微信公众号为例，对其庆祝建党百年的推文案例进行分析并总结出在新媒体的运营时的一些经验，如：稳抓思政宣传，践行创新形式，精准时间节点，融合媒体联动，结合高校特色以扩大宣传范围，增强宣传效果。

一、稳抓思政宣传 奠定场域基调

习近平总书记指出："思想政治工作是学校各项工作的生命线。"2021 年作为中国共产党建党一百周年的重要年份，站在历史的重要节点上，思政宣传工作既要起到对此主题的引领作用也要能与主题相辅相成，从而扩大宣传效果。西南交通大学官方微信公众号主要采取以下方式进行思政宣传，奠定高校官方新媒体在"建党百年"主题场域的整体基调。

（一）思想政治学习教育报道

2021 年西南交通大学官方微信公众号发布相关思政学习教育报道，自上而下广泛宣传校内师生进行"四史"、中国精神等思政内容的学习以及"我为师生办实事"等实践活动。据统计，2021 年西南交通大学官方微信公众号发布思政学习教育类报道共 14 篇，阅读量突破 10 万。利用新媒体平台全方位铺开，营造了全年宣传氛围。

（二）荣誉、获奖、突出成果的报道

2021 年全国上下开展了多项以庆祝中国共产党建党 100 周年为主题的评奖活动，西南交通大学教师、学子以卓越的科研贡献、扎实的知识技能屡创佳绩。区别于传统媒体的单向传播，微信公众号的强互动性增强了师生们的集体荣誉感，使得此类报道在高校形象宣传上事半功倍。据统计，2021 年西南交通大学官方微信公众号发布荣誉获奖类报道近 50 篇，其中建党百年主题报道近 10 篇，阅读量超 8 万。

（三）优秀人物报道

在庆祝中国共产党建党百年之际，西南交通大学官方微信公众号推出“榜样·交大青年说”系列视频、《“九零后”党员的特殊党费》《光荣！》《表彰！》《杰出校友邹世昌院士荣获“全国优秀共产党员”！》等优秀人物报道，回顾历史、立足当下、展望未来。西南交大优秀人物报道以新媒体受众喜闻乐见的形式展现西南交大自建校以来始终与党和国家的发展同向同行的历程。此类型报道巧妙地将宏大主题具体化、优秀人物符号化，使得形而上的思想理论拥有立体表现，可以进行有效传播。据统计 2021 年西南交通大学官方微信公众号发布优秀人物报道共 17 篇，阅读量近 8 万。

图 1　西南交通大学微信公众号相关推送

二、践行创新形式　活跃舆论氛围

新媒体的强互动性使得高校传统媒体以往保守、权威的形象转变为亲和、

自由、开放的形象，提升了受众对高校的接受度和认可度。西南交通大学官方微信公众号充分利用新媒体平台的功能，创新推文形式，促进受众互动，增加粉丝黏性。在“庆祝建党百年”主题下，西南交通大学官方微信公众号推出学“四史”小游戏、学党史打卡、长图漫画、纪录片、歌曲视频等多形式、多风格的推送，满足了不同受众的需求，用新技术引发受众感情共鸣，提升传播内容的吸引力和感染力。官微创新形式推送具体案例如下。

（一）互动小游戏

官微推出《学党史，快来打卡！》一、二、三期，《播迁路上学“四史”，大家组团来闯关！》等推文，通过运用 svg 图片排版及微信小程序开发小游戏，提高受众参与度，活跃网络舆论氛围。这几期的推文是一次创新形式的尝试，但与同主题其他推送比起来效果并不突出。针对这一问题笔者分析，高校微信公众号推送类型是多样的，但烦冗的文字内容可能会降低粉丝的参与度，例如“学党史，快来打卡”系列，虽然在参与形式上便于互动，但过多的文字可能使得受众没有耐心继续参与。对比西南交大官方新媒体矩阵中微博的“学党史”打卡活动，由于形式简洁明了且互动可视化度高，参与量远超微信公众号。由此可见在微信平台，互动答题类小游戏在呈现时更需注重参与方式简洁、清晰。

（二）视频应用

视频一直以来是微信推送的“宠儿”，原因在于视频形式开放、包容，适合于众多类型受众，这对强调分众化、对象化的新媒体十分友好，所以视频应用仍是高校微信公众号中的常见形式。针对“庆祝建党百年”主题，西南交大官方微信公众号推出纪录片、原创歌曲视频，并以文字、动态图片等传播形式使得内容“动”“静”配合，实现从可读到可视、从一维到多维的升级融合，增强了内容的生动性和表现性。截至 2021 年年底，西南交大官方微信公众号共发布庆祝建党百年主题的视频应用推送 7 篇，阅读量超 16 万。

（三）长图漫画应用

长图漫画是适应手机与用户习惯的产物，是近年来各大新媒体平台积极应用的传播方式。在宏大主题的推广宣传中，人物通过漫画拉近与读者的距离，恢宏的场景通过画作呈现，烘托氛围。2021 年西南交大官方微信公众号共发布长图漫画 3 篇，阅读量超 3 万。以推送《〈长津湖〉热映！一起致敬奔赴战场的交大人！》为例，留言中的大家纷纷表达了由长图漫画内容而引起的集体荣誉感，向先烈表达庄严致敬之意。

图 2　西南交通大学微信公众号相关推送

三、精准时间节点　加大宣传力度

结合一年内的重要节日进行宣传犹如借东风之力，上青云之端。7 月 1 日建党节前后一周都是本年度最重要的时间节点，西南交大官方微信公众号提前策划、精心制作、完善运营，在这两周内相继推出推送《全国首发！〈中国精神〉慕课来了！》《礼赞！祝福！》《西南交大永远跟党走！》《表彰！》等微信推送，稳抓节点不放松，将“庆祝建党百年”主题推向高潮。与此同时，在校园心理健康日、世界读书日、“五四”青年节、南京大屠杀纪念日等时间节点，官方微信均联系主题进行推送。例如在校园心理健康日当天推送《善爱青春之我，做新时代的奋斗者！》推文，结合“献礼建党 100 周年”主题与大学生心理健康教育，展现当代大学生的精神风貌，帮助大学生树立正确的人生观、价值观。微信文章《开卷有益！》在世界读书日当天发布，主要内容为庆祝中国共产党成立 100 周年好书荐读。

图 3　西南交通大学微信公众号相关推送

四、融合媒体联动　拓宽格局广度

习近平总书记认为，“要运用信息革命成果”“加快构建融为一体、合而为一的全媒体传播格局”。高校新媒体需要在两个层面上进行融合，一是校内媒体融合，包括新媒体与传统媒体、新媒体各平台间，整合校内资源，媒体间兼容、互融、共融，形成一个由单向变成多向、由平面变成立体的媒体场。二是实现校内外媒体融合联动，充分调动发挥大众媒体的作用，拓展高校新媒体宣传渠道，在扩大主题宣传格局的同时提高学校知名度和美誉度。西南交通大学新媒体中心在不断完善校内新媒体矩阵的同时积极联动大众权威媒体，发挥大众媒体作用，打造宣传“第二场”。针对“庆祝建党 100 周年”主题，西南交大官方微信公众号积极联动中央电视台新闻联播、中国青年报、共青团中央、《旗帜 · 中国青年说》电视节目等，推送《天边之路！》《青年学子实地触摸“伟大转折”》《强国青年，交大人来啦！》《〈新闻联播〉再聚“交”！书写新时代的青春之歌！》等相关文章 14 篇，截至 2021 年年底总阅读量超过 7 万。

图 4　西南交通大学微信公众号相关推送

五、结合高校特色　增加内容厚度

2021 年全国新媒体平台推出的庆祝建党百年主题文章不胜枚举。在此背景下，高校新媒体部门结合学校自身特色与历史文化，庆祝建党百年，在丰富推送文章主题内涵的同时也宣传了学校形象。

西南交大官方微信公众号发布《第一位！》《李特！》《新闻巨子！》等历史人物类型推送，以学校优秀校友为对象，将其进行符号化，将学校优秀校友与祖国发展建设深刻联系，校园精神与中国精神深刻联系。拥有交通特色的西南交通大学自建校以来便为祖国的交通事业贡献力量，宏大的历史主题结合西南交大特色，以小见大，精准打造专属于西南交大的建党百年宣传特色。

图 5　西南交通大学微信公众号相关推送

六、结　语

2021 年西南交通大学微信公众号共发布庆祝中国共产党建党 100 周年相关推送 42 篇，阅读量近 50 万。在这一年的宣传中，西南交通大学也积极打造新媒体宣传矩阵，平台间上下内外联动，扩大宣传，效果显著。

如今新媒体已然成为高校宣传主阵地，在环境复杂的网络空间中，高校新媒体工作者应在不断培养和提高自身媒介素养的同时深刻把握新时代党和国家对宣传思想工作的总体要求，建好新媒体、管好新媒体、用好新媒体。

（作者：西南交通大学 张琬祺）

案例 53

震撼：交大希望学院“快闪”“超燃”，迎接建党 100 周年！

2021 年中国共产党百年华诞，站在“十四五”与“两个一百年”的历史交汇点上，我们对未来充满信心的同时更要回望历史。西南交通大学希望学院抓住契机，以交大希望学院及全院师生为出发点，围绕“为党献礼，共贺华诞”的主题举行“快闪”活动，并进行多角度、多内容、多平台、多方式的推送报道。

一、聚焦百年华诞，谱写希望情怀

2021 年 6 月 2 日中午 12 时 20 分，交大希望的校园里忽然传来了动人的歌声、朗诵声……引得众人纷纷驻足。

学院为迎接建党 100 周年特别举行的主题为“为党献礼，共贺华诞”的“快闪”活动，在学院感恩广场上举行。依托活动的特性，一幕幕历史篇章缓缓进入观众眼帘，铿锵有力的击鼓声、热情激昂的歌声、青春洋溢的舞蹈、声情并茂的朗诵、振奋人心的合唱……无一不表达着交大希望学子坚定的信念感和不忘初心的使命感。

二、活动内容丰富，呈现形式多样

百年征程波澜壮阔，百年初心历久弥坚。百年恰是风华正茂，学院始终把党史学习教育工作作为每位师生的“必修课”，以团结合作的精神走向未来，以永不懈怠的信念和一往无前的奋斗姿态向党的百年华诞献礼！

整个“快闪”活动由历史长廊、党史微课堂、舞蹈《东方红》、诗朗诵《青春中国》、合唱《唱支山歌给党听》《不忘初心》、重温入党誓词等环节组成，一次次将活动推向高潮，慷慨激昂、气势磅礴，引发观众阵阵喝彩。

图 1　活动现场图

三、媒体融合，平台联动

活动现场热闹非凡，学院党委宣传部组织校官方团队对活动进行照片拍摄、视频录像、现场采访。微信、抖音、微博三大平台联动，充分发挥新媒体立体化、速度快的特点，第一时间进行推送，在标题中为读者留下悬念，引起读者猜想，使得整篇推送的点击率不断增加。

当日，西南交通大学希望学院官方微博账号对活动进行报道，此篇报道的浏览量超过 1.51 万；官方抖音账号也随即推送了两条活动视频，浏览量超 13.3 万；官方微信账号推出《超燃：希望学院用这样的方式迎接建党 100 年！》，阅读量超过 3000；本次活动被成都校园、成都高校新鲜事、金堂通、音桥合唱等多家主流媒体转载报道，总阅读量超过 15.7 万，一时间成为热点新闻。

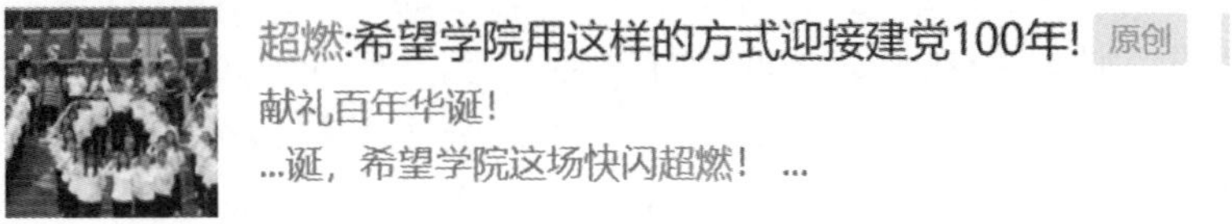

图 2　相关微信推文

四、及时报道，引爆热点

新媒体时代，新闻的速度成了吸引人们关注的重要因素，“快闪”活动发生时正值同学们下课，活动迅速引起了关注。党委宣传部也提前策划，安排拍摄采访，在第一时间剪辑制作出完整视频，将“快”现场还原，抓住了阅读者最想看“快闪”活动内容的时机，因此获得了很高的话题讨论度。

图 3　活动现场图

主题是文章的灵魂，内容深度也决定着宣传效果。总书记指出：“未来属于青年，希望寄予青年……新时代的中国青年要以实现中华民族伟大复兴为己任，增强做中国人的志气、骨气、底气，不负时代，不负韶华，不负党和人民的殷切期望。”在建党 100 周年之际，“为党献礼，共贺华诞”的主题快闪活动的开展，不仅展现出了交大希望学院全体师生积极、热情、向上、感恩的精神，更体现着交大希望人砥砺前行、紧跟时代步伐的决心。本次“为党献礼，共贺华诞”主题快闪活动的开展一方面创新了活动形式，深深吸引了师生及观众们对于快闪活动的兴趣，另一方面也充分展现了新媒体的力量以及活动对师生的影响，进一步扩大了主题宣传覆盖面和影响力。

（作者：西南交通大学希望学院　杨若昕）